경인교육대학교 특성화사업단

T-멘토링 총서 9

미술과 수업 컨설팅 이렇게 하자

김정희 · 안금희 · 이정환 공저

M E N T O R I N G

학지사

머리말

미술 교과의 수업 설계와 진행이 초등교사들에게 어렵다고 느껴지는 이유는 교사 자신이 미술에 대해 잘 알지 못하고, 또 미술 제작을 잘하지 못한다고 생각하기 때문이다. 대부분 미술시간은 보기 좋은 작품을 제작하는 시간이라고 생각하기 때문에 미술 제작 능력이 부족하다고 느끼는 교사들은 미술 교과에 대해 부담을 갖는 것이다. 이런 상황 때문에 미술 수업을 공개하는 경우도 다른 교과에 비해 매우 적으며, 참관할 기회도 적은 편이다. 수업 개선을 위해 수업 공개와 관찰, 협의가 활성화되어야 하는데 이러한 일련의 과정이 미술 수업 관련하여 원활히 진행되지 않고 있다는 사실은 미술 수업 개선이 적극적으로 이루어지지 못함을 말해 준다.

이 책은 교사들이 미술과 수업 설계와 진행에 있어 고민하고 있는 문제점들을 근거로 형식적 장학에서 벗어나 보다 실제적인 수업의 개선과 교사의 전문성 신장을 위해서 미술과 수업 컨설팅의 의미와 내용을 고찰하였다. 특히 주요 참여자인 교사의 전문성은 미술과 수업 컨설팅에서 매우 핵심적인 요소가 된다. 그러므로 이 책에서는 미술과 수업에서 교사의 전문성에 대한 논의를 통해 컨설팅의 주요 요소를 살펴보았다. 또한 미술과 수업 컨설팅의 방법으로서 수업 관찰과 면담 등의 다양한 방법을 고찰하였다. 장학과 다른 컨설팅의 절차를 보다 구체적으로 제시함으로써, 컨설팅의 전체적인 흐름이 어떻게 진행되는지 자세히 제시하고자 하였다.

이 책은 초등학교의 다양하고 실제적인 미술 수업 사례를 중심으로 컨설팅 과정과 결과를 제시하여 교사가 자기 주도적으로 미술 수업을 지속적으로 개선할 수 있도록 매뉴얼을 제공하였다. 미술 수업 계획과 진행에 대한 컨설팅은 수업 공개의 부담을 덜어 주며, 공개 수업에 대한 동료 교사의 수업 관찰 및 평가 등은 다음 수업 계획에 반영되어 미술 수업을 개선하게 한다. 수업 컨설팅은 컨설팅 의뢰 교사를 대상으로 이루어지지만 컨설팅을 받은 교사의 수업이 공개, 관찰되고 협의되는 과정에서 의뢰 교사와 동료 교사들의 수업 비평 능력이 향상되고, 이는 곧 의뢰 교사와 관찰 교사의 수업 개선을 유도한다. 미술 수업 컨설팅－미술 수업 공개 및 관찰－미술 수업 개선으로 이어지는 구조를 학교 현장에서 교사들이 부담 없이 받아들일 수 있도록 하는 데 이 책이 기여할 수 있기를 바란다.

이 책이 출판될 수 있도록 도움을 주신 경기 원당초등학교 교사 여러분들께 진심으로 감사드리며, 교육과학기술부와 경인교육대학교 특성화 사업단, 학지사 관계자 여러분께 깊이 감사드린다.

차 례

제 1 장

미술과 수업 컨설팅의 특성

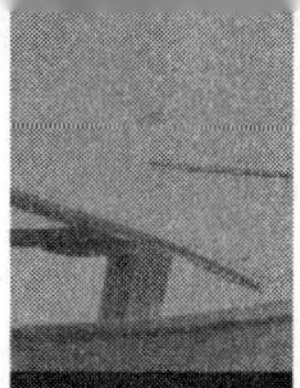

제 1 장

미술과 수업 컨설팅의 특성

1. 미술과 수업 컨설팅의 의미

학교 교육에서 교육의 질을 높이기 위해 교사의 전문성을 신장시키는 것은 매우 중요하게 여겨지고 있으며, 이를 위해 학교 교육에서 장학은 시대에 따라 그 필요성과 요구가 변화되어 왔다. 20세기 초반 Burton (1947)에 따르면 학교 교육에서 장학의 내용은 교수행위의 개선, 교사의 성장, 교육과정의 선정과 조직 등으로 구성된다고 하였다(윤정일, 1982: 17-18). 이 시기 조직의 효율성과 생산성을 강조함으로써, 학교 교육에서도 감찰, 관리를 통해 교육의 생산성을 강조하는 장학의 성격을 띠지만 1960년대 말 교육과정 개발과 수업 효과 증진 노력의 확대, 1980년대 이후 교사의 전문성 신장을 통한 조직의 효과성 증대 등에 대한 관심이 고조되면서, 장학은 교사의 전문성과 교수의 효율성에 주목하게 되었다(김정한, 2002).

그러나 일반적으로 학교 현장에서 장학에 대한 인식은 그다지 긍정적이지 않다. 특히 장학의 전문성 결여로 인한 불신이 문제점으로 지적되고 있으며, 장학이 교사에게 도움을 주기보다는 장학 조직의 교육 행정 보조 수단화되고 있는 점, 교사의 장학 담당자에 대한 불신과 의사소통 제약, 장학자들의 교육 전문성 부족, 수업 개선에 대한 이해의 부족, 일선 학교 실정 파악의 부족과 점검, 지시, 서류 확인 위주의 장학, 행정적 지시, 감독의 사무적 장학 등의 문제점도 거론되고 있다(김형관 외, 2000: 266-271). 게다가 교과의 특성을 고려하지 않고, 일반적인 행정 장학으로 끝나고 마는 점도 문제다.

특히 학교의 미술 수업 장학에 대한 문제점과 어려움을 살펴보면 다음과 같다(안금희, 손민호, 김현정, 2007).

첫째, 현행 장학이 지나치게 형식적이며 교사들에게 관리, 감독으로 비친다는 점이다. 즉 지시적이거나 위에서 아래로, 감찰이나 관리의 방식으로 장학이 이루어지고 있다는 의미로, 수업 개선이나 교사의 전문성 신장을 위해서는 교사의 관점이나 의도 등을 충분히 파악하는 것이 필요한데, 위에서 아래로의 일방적 장학의 방식은 자칫 교사와 장학자의 상호 의사소통의 문제를 야기할 수 있다.

둘째, 미술 교과의 장학이라는 관점에서 볼 때, 장학자의 전문성이 매우 낮다는 점이다. 현실적으로 미술 교과에 대한 전문성을 갖춘 장학자가 많지 않다. 미술 교과에 대한 전문성이 낮은 사람이 장학을 함에 따라 일반적인 수업 운영이나 수업 목표에 근거한 형식적 교과 장학이 이루어질 우려가 있다.

셋째, 교사 스스로의, 자신의 수업 공개와 장학에 대한 소극적인 정서를 들 수 있다. 장학의 문제는 장학의 형식이나 장학자의 문제 이외에도 수업자의 장학에 대한 인식과 태도와 밀접히 관련된다.

넷째, 학교에서 미술 교과의 위치가 장학에도 부정적인 영향을 끼친다는 점이다. 주지 교과라 불리는 교과에 대한 집중된 관심으로 나타나는 학교 문화의 특징 그리고 기본적으로 2차시로 운영되는 미술 수업, 상대적으로 '눈으로 보이는 효과'가 낮은 미술 수업 등의 특징으로 인해, 미술 교과 장학이 소극적으로 이루어진다.

다섯째, 수업 장학은 현장 수업을 보다 개선하기 위한 목적을 갖지만, 실제로 수업 장학의 결과가 개별 교사에게 수업 개선을 위해 실질적으로 활용되기 어려운 데 문제가 있다. 예를 들면, 대부분의 수업 장학에 사용되는 틀이 일반적인 수업 활동에 대한 틀을 기준으로 하기 때문에, 미술과 수업의 독특한 특징을 관찰하고 이를 평가하는 데 많은 어려움이 있다. 많은 교사들은 실제 자신의 수업이 정말 어떠했는지를 알고 싶어 하지만, 수업 장학이 형식적이거나 구체적으로 제시되지 않아, 단지 장학을 위한 장학을 하고 있는 경우가 많다. 이는 미술 수업 장학이 교사의 수업 개선을 위해 보다 구체적으로 이루어져야 한다는 점을 지적하고 있다.

이와 같은 장학의 문제점을 극복하고 교과 장학을 개선해 나가기 위해서는 다음과 같은 사항이 요구된다(안금희, 손민호, 김현정, 2007).

첫째, 교과 장학이 그 목적을 달성하려면 특히 미술과의 경우 장학자의 전문성이 신장되어야 한다.

둘째, 장학의 방식이 수직적이지 않고 수평적인 관계로 이루어져야 한다. 이는 장학자와 교사의 관계에 대한 것으로, 교사의 어려움이나 장학을 받는 사람에 대한 배려, 교사의 성장에 대한 관심이 장학에서 평가보다 더 우선시되어야 한다. 이를 위해서 장학은 교사와 수업에 대한 이해를 바탕으로 해야 한다.

셋째, 수업 개선과 교사의 전문성 신장이라는 장학 본연의 목적을 달성하기 위해서, 학교에서 장학에 대한 인식의 전환이 필요하다. 이를 위해서는 교사들에 의한 자생적 장학 분위기를 조성하는 것이 필요하다.

본 연구에서는 장학의 대안적 개념으로서 수업 컨설팅을 제안하고자 한다. 이를 통해, 전통적 장학의 문제점을 극복해 보고자 한다. 수업 컨설팅의 의미를 논의하기 전에 컨설팅의 의미부터 살펴봄으로써 장학과의 공통점과 차이를 인식하는 것은 중요하다. 컨설팅이란 용어는 의료 분야에서 사용하기 시작하였는데, 의사가 환자를 치료하며 부딪치게 된 문제를 해결하기 위해 전문성과 경험을 갖춘 다른 의사(컨설턴트 의사)에게 도움을 의뢰하고 문제를 해결하는 활동을 가리킨다. 이후 금융, 건축, 법률, 공학, 경영 등 많은 분야에서 컨설팅이란 용어를 널리 사용하고 있다.

학교에서 컨설팅이란 용어를 사용하기 시작한 것은 비교적 최근의 일이다. 먼저 학교 컨설팅이라는 용어는, 학교 교육의 위기와 개혁에 대한 반성의 과정에서 대두되었으며 이것은 학교의 문제점을 진단하고, 개선을 지원하는 활동을 말한다. 학교 컨설팅의 맥락과 유사하게 컨설팅 장학이란 "전문성을 갖춘 장학요원들이 교사의 의뢰에 따라 그들이 직무수행상 필요로 하는 문제와 능력에 관해 진단하고, 그것의 해결과 계발을 위한 대안을 마련하며, 대안을 실행하는 과정을 지원 또는 조언하는 활동"이라고 정의할 수 있다(진동섭, 김도기, 2005; 서우석, 2007: 40 재인용). 일종의 대안적 장학의 개념으로서 컨설팅 장학이란 용어가 사용되었다.

학교 컨설팅에서 진동섭은 수업 컨설팅이란 교사의 수업 활동에 초점을 맞춘 학교 컨설팅이라고 정의하였다. 수업 컨설팅이란 수업자 자신에게 직면한 문제를 해결하거나 더 나은 상태로 나아가기 위해 외부의 전문적인 지식과 경험, 기술을 활용하기 위해 컨설팅 자문을 구하고, 문제점을 진단하고, 이에 대한 해결책을 모색하는 일련의 활동을 말한다(진동섭, 김도기, 2005). 즉 동료 교사, 외부의 수업 컨설팅 전문가 등과 협력하여 수업에서의 문제점을 진단하고 처방하고 실행하는 일련의 과정을 통해 수업의 질적 개선을 도모하는 것이다.

많은 장학 관련 개념들이 기존 장학의 문제점을 개선하기 위해 새로운 내용과 방법을 제시한 것처럼 수업 컨설팅 또한 기존 장학이 갖는 한계와 문제점을 바탕으로 대안적 수업 장학을 모색하는 일련의 활동이라고 할 수 있다. 그렇다면 전통적인 장학과 수업 컨설팅을 비교해 보면서 공통점과 차이점이 무엇인지 알아보자.

	장학	수업 컨설팅
목적	• 학교 경영 개선 • 수업 개선 • 교사의 전문성 향상	• 교과 수업의 질적 개선 • 교사의 전문성 향상
출발 방식	• 타율적	• 자율적
참여자	• 학교 관리자, 장학사, 교사	• 교사, 교과 수업 전문가
관계	• 형식적 관계	• 교사와 상담자 간의 친밀한 관계
맥락	• 연출된 수업	• 일상적 수업
횟수	• 1회	• 수회

대안적 수업 장학으로서 수업 컨설팅이 장학과 공통된 점은 일단 표방하는 목적이다. 그러나 출발 방식이나 참여자, 관계 등에서 다른 점이 드러난다. 먼저 장학과 컨설팅의 출발 방식은 크게 다르다. 컨설팅은 장학과 달리 개별 교사의 요구와 필요에 따라 자율적으로 진행된다. 타율에 의한 장학이 아니라 자율적 수업 개선의 노력에 따라 컨설팅은 시작된다.

또한 컨설팅은 교사와 상담자 간의 친밀한 관계가 요구된다. 컨설팅을 위해 교사는 자신의 문제나 어려움을 부담 없이 이야기해야 하는데, 이를 위해서 친밀한 관계의 형성은 매우 중요하다. 이를 위해서는 비교적 오랜 기간의 대화와 교류가 요구된다.

장학의 목적과 동일하게 컨설팅은 교사의 전문성 향상을 목적으로 하지만, 컨설팅은 개별 교사의 전문성 혹은 수업에 대한 감식안을 높이는 데 실질적으로 기여할 수 있다. 비교적 장기간에 이루어지는 컨설팅 과정에서 교사는 수업을 바라보는 안목을 높이는 경험을 하게 된다. 그러나 타율적이며 일회적으로 이루어지는 장학을 통해서는 교사의 실제적 전문성이 향상되기란 매우 어렵다.

특히 장학과 컨설팅의 차이점은 장학이나 컨설팅이 이루어지는 맥락과 횟수가 매우 다르다는 점이다. 장학의 경우, 특정 시간이나 장소에서, 즉 일상적 수업이라기보다는 장학을 위해 면밀한 계획과 준비를 거친 연출된 수업에서 이루어진다. 그렇지만 컨설팅의 경우, 교사 자신의 수업에 대한 문제점과 해결책을 찾기 위해 여러 차례에 걸친 수업을 진행하기 때문에 비교적 일상적 수업 맥락에서 컨설팅이 이루어질 수 있다.

그러나 컨설팅이 단순히 장학이란 개념을 파기하고 새로운 장학의 개념의 지위를 부여하자는 것은 아니다. 결국 어떠한 개념이나 용어든지 이것을 어떻게 실천하고 운영하느냐에 따라 그 모습은 계속 바뀌어 갈 것이다. 다시 말하면 용어의 변화 그 이상을 실천하고자 하는 지속적인 노력이 필요하다. 의미 있는 컨설팅의 실천을 위해서는 실제 미술 수업에 대한 이해가 선행되어야 한다. 최근 교육 연구에서 질적 연구의 확장과 더불어, 수업에 대한 교육 연구자의 관점도 점차 달라지고 있다(손민호, 2004). 수업을 교육 이론의 적용을 위한 장으로 생각하기보다는 수업을 바라보는 다양한 관점을 인정하고, 일상적으로 수행되는 수업을 이해하려는 입장이 점차 확대되고 있다. 즉, 감찰이나 관리적인 장학이 아니라 실질적으로 교사의 전문성을 신장하고, 수업 개선을 위해서는 일상적인 미술 수업에 대한 심도 있는 이해가 요구된다.

최근 장학 관련 연구가 수업 장학의 목적, 평가 기준, 장학의 주체 등과 관련하여 문제점을 지적한 바와 같이(Cochran-Smith & Lytle, 2001), 수업 장학(컨설팅)에서 가장 적합한 교수 방법이 무엇인가, 가장 필요한 학습 내용이 무엇인가, 그리고 이러한 교수 방법과 학습 내용을 누가 정의하는가, 누가 누구를 평가하며, 그 기준은 누구의 기준에 근거해야 하는가와 같은 문제들을 지적하였다. 컨설팅의 운영에 있어서 유의할 점은 이러한 장학에 대한 대안적 시각을 공고히 인식하고 있어야 한다는 점이다. 컨설팅의 참여자 중 전문가라는 용어가 비전문가(초보자)와 대비되는 개념으로서 이해된다면, 교사는 다분히 비전문가라는 의미를 갖게 될 수 있다. 그러나 이에 대해 Cochran-Smith와 Lytle(2001)은 초보자/전문가의 이분법적 사고를 넘어설 것을 주장하고 있다(안금희, 손민호, 김현정, 2007). 초보자와 전문가를 구분하는 것은 '가르치기 위한 지식(knowledge-for-practice)'의 유무에 기초하고 있어 장학이 수직적 관계에서 이루어질 수밖에 없다는 것이다. 반면에 '가르침 속의 지식(knowledge-in-practice)'이라는 개념은 초보 교사와 경력 있는 교사, 평가받는 자와 평가하는 자와의 관계를 새롭게 전환할 수 있는 가능성을 열어 준다(Cochran-Smith & Lytle, 2001). 즉, 수업 컨설팅이 교사의 잘잘못을 평가하기 이전에 가르치는 행위에 관한 지식을 함께 구축하는 기회가 될 수 있다는 것이다. 또한 '가르침 속의 지식(knowledge-in-practice)'이라는 개념을 강조하는 컨설팅에서는 절대적이고 보편적인 기준을 수립하는 것은 별 의미가 없다. 오히려 새로운 개념에 터한 컨설팅은 수업에 대한 각기 다른 관점과 이러한 관점의 차이가 실제 수업에서 어떻게 이루어지는지에 대해 다각적으로 조망해 보는 것이 의미 있음을 강조하고 있다.

이와 같은 형식적 장학에서 벗어나 보다 실제적인 수업의 개선을 위해서 전문가로서 교사에 대한 새로운 인식이 요구된다. 또한 미술과 수업에서 교사의 전문적 지식이 어떻게 실천되는지에 대해 보다 면밀히 파악할 필요가 있다. 이러한 미술과 수업과 교사의 전문성에 대한 이해는 미술과 수업을 개선하는 데 핵심적인 자료를 제공하게 될 것이다.

2. 미술과 수업 컨설팅의 내용

미술과 수업 컨설팅의 과정에 참여하는 주요 참여자는 교사이며, 그 대상은 바로 미술과 수업이다. 결국 교사가 수업을 효과적으로 하기 위해 어떠한 능력을 가지고 있어야 하는지는 컨설팅의 중요한 관점이 될 것이다. 이와 관련하여 슐만은 효과적인 수업을 위해 교사에게 필요한 지식을 '교과 내용 지식(content knowledge)' '교수 내용 지식(pedagogical content knowledge)' '교육과정 지식(curricular knowledge)'으로 분류하였다. 교수 내용 지식이란 특정 교과를 수업 목표에 부합하게 학생들에게 가르치는 방법을 이해하는 것이다. 슐만(Shulman, 1986)의 '교수 내용 지식'이라는 개념은 교사가 갖고 있는 개인적 혹은 체화된 지식을 설명하고 있는데, 이 개념은 수업을 하는 교사의 직관적 감각으로 표출되는 지식과 노하우를 아우른다.

스미스(Smith, 1969)는 효과적인 수업을 통해 학습자의 성취도를 높이려면, 교사가 교육, 교과, 학습자에 대한 지식, 기능, 태도가 조화를 이루고 있어야 한다고 강조하였다(강선주 · 설규주, 2008).

Barnett과 Hodson(2001)은 교사의 전문지식을 교수 상황 지식(pedagogical context knowledge)이라고 부르며, 이를 다음과 같이 구분하였다(곽영순, 2007).

- 학문 연구적 지식(academic and research knowledge): 교육학 연구에 대한 지식, 교과에 대한 지식, 실천에 대한 반성, 다른 교사의 경험
- 교수 내용 지식 혹은 내용 교수법 지식(pedagogical content knowledge)
- 전문적 지식(professional knowledge): 학교 교육에 대한 정치적 사회학적 지식, 교육과정에 대한 지식, 교사에 대한 지식
- 교실 지식(classroom knowledge): 학생에 대한 심리학적 지식, 학생에 대한 사회적 지식, 학습 환경 조성 및 동기유발에 대한 지식, 개별 학생에 대한 지식, 학생 행동 관리에 대한 지식

한편 한국교육과정평가원(KICE)에서는 교사의 수업 전문성 함양을 위

해 내용 교수법을 개발하는 연구와 더불어 수업 컨설팅 프로그램 개발 연구를 진행하였다. KICE는 앞의 교수 내용 지식(pedagogical content knowledge: PCK)을 내용 교수법(PCK)이라는 용어로 번역해 사용하고 있다. 이에 따르면 내용 교수법이란 '특정 내용을 특정 학생들의 이해를 촉진할 수 있도록 가르치는 방법에 대한 교사의 지식'을 말한다(Shulman, 1986; 1987; 곽영순, 2007: 91 재인용). PCK는 교과 관련 주제나 절차, 개념 등에 대한 교과 내용 지식과 이에 대한 이해가 포함된다(곽영순, 2007). PCK란 교과 내용에 따라 달리질 수 있으며, 교과 내용에 따른 고유한 교수법(content-specific pedagogy)이라고도 불린다(곽영순, 2007). 이 개념은 교사의 전문성에 대해 관심을 촉구하도록 하였으며, 경험 있는 교사들의 내용 지식이 그 전의 모습과는 다른 것으로 전환된 것이며 이는 가르침에 대한 실질적 적용력을 가진 어떤 것이라는 것이다.

KICE의 연구를 바탕으로 곽영순(2007)은 PCK와 교사가 필요로 하는 지식의 범주 간의 관계를 제시하였는데, 이에 따르면 교과별로 다르겠지만 일반적으로 PCK는 교과 내용 지식, 교수 방법에 대한 지식, 학생에 대한 지식(학생들의 교과 이해에 대한 지식, 학생의 교과학습 평가에 대한 지식), 교과별 교육과정에 대한 지식, 전문성 제고 노력 등을 포함한다고 하였다. 다시 말하면 일종의 빙산의 드러난 부분을 PCK로 볼 때, 그것을 떠받치고 있는 거대한 부분이 바로 교사가 필요로 하는 여러 가지 지식의 범주라는 것이다.

최근 수업 컨설팅에 관한 연구가 활성화되기 시작하면서, 교과별로 많은 연구가 진행되었다. 사회과 관련 연구에서 '좋은 수업'을 위해 교사가 고려해야 할 요소를 다음과 같이 제시하였다(강선주, 설규주, 2008).

(1) 교육관-교육관

(2) 교과에 대한 이해

① 세계관

② 사회 교과관

③ 교육과정에 대한 지식

④ 교과 내용에 대한 지식

⑤ 교수 내용 지식

⑥ 교과 내용 재구성 및 실행 능력(교재 재구성)

⑦ 교과 평가에 대한 지식

(3) 학습자에 대한 이해

① 학습자의 인지 발달에 대한 지식

② 학습자의 선지식 및 선경험

③ 학습자의 학습에 대한 태도

(4) 수업 구조화 능력

① 수업 설계 및 실행

② 교수 스타일

사회과의 경우, 일반적으로 교사에게 요구되는 능력, 지식, 태도 이외에도 세계와 사회에 대한 지식, 사회를 분석할 수 있는 능력 그리고 그것을 교재 재구성에 반영할 수 있는 능력 등이 요구된다는 점에서 세계관, 사회 교과관, 교과 내용 재구성 등에 관한 요소를 강조하고 있다.

위에서 제시한 교사의 전문성에 관한 여러 연구를 토대로 하여, 본 연구에서는 미술 교사가 갖추어야 할 요소로서 미술 교사의 교수 내용 지식(PCK)을 살펴볼 것인데, 이것은 미술 교사의 여러 가지 지식과 태도를 아우른다.

〈표 1-1〉 미술 교사의 PCK(교수 내용 지식)

영역	구성 요소
교육관	교육관
교과에 대한 지식	교육과정에 대한 지식
	교과 내용 지식
	교수 방법에 대한 지식
	평가에 대한 지식
학생에 대한 지식	학생의 이해, 흥미, 경험 등에 대한 지식
수업 구조화 능력	수업 설계 및 실행
전문성 제고 노력	수업 반성 및 개선

1) 교사의 교육관

교사의 교육관은 수업의 설계와 실행의 전 과정에 지대한 영향을 미친다. 따라서 교사는 자신이 어떠한 교육관을 갖고 있으며 이것이 자신의 수업에 어떻게 나타나는지를 반성적으로 생각하는 것이 매우 중요하다. 미술교육의 목적은 일반적으로 크게 두 가지로 이야기 할 수 있다. 하나는 미술교육을 사회적 요구와 목표를 달성하기 위한 수단으로 사용한다는 도구주의적 입장이며, 다른 하나는 미술 자체를 교육의 대상으로 한 미술을 위한 미술교육이라는 본질주의적 입장이 있다. 도구주의적 입장에서는 미술 활동을 통해 감성을 개발하거나 창의성을 개발하는 것에 의미를 둔다. 반면에 본질주의적 입장에서는 미술에서 학생들이 알아야 할 본질적으로 중요한 지식이 있으며 수업에서 이를 학생들에게 전달하는 것이 중요함을 강조한다.

도구주의적 교육관은 교사가 추구하는 바에 따라 여러 가지 유형으로 나타날 수 있다. 예를 들어, 20세기 초반 이후에 활발하게 거론되어 왔던 창의성 신장을 목적으로 한 창의성 중심 미술교육, 미술을 통해 전인적 발달을 도모한다는 점에서 특히 미술을 통해 정서 함양을 중시하는 관점, 혹은 인지에 관한 보다 포괄적인 인식을 바탕으로 미술을 통해 비판적 사고력이나 상상력 등의 인지적 능력 신장이 가능하다는 관점 등의 다양한 교육관이 존재한다.

한편 1980년대 이후 미국에서 활발하게 논의되어 왔던 학문 중심 미술교육(Discipline-Based Art Education)은 미술 제작, 미술사, 미술 비평, 미학의 네 가지 학문의 구조와 탐구 방법을 가르쳐야 한다는 입장을 강조한다는 점에서 본질주의적 입장이라고 볼 수 있다. 이러한 본질주의적 관점을 지닌 교사는 학생들이 알아야 할 미술 관련 지식이나 개념을 설명하는 것을 중시할 것이다.

최근 삶과의 관계를 중심으로 한 생활 문화를 통해 사람들의 시각적 사고와 의사소통을 증진하는 시각적 문해력을 강조한 시각문화 미술교육은 미술이라는 범주에 국한하기보다는 광범위한 시각문화 현상을 교육의 대상으로 해야 함을 주장한다. 이에 따르면 "시각문화의 가치의 의미를 이해하고, 공공화된 사회적 시각 조건에 대한 학습자의 상상력과 인지를 향상시키며, 비판과 창조에 참여하는 민주적 시민으로 교육시키려는 것"을 목적으로 한다(안인기, 2008: 6). 시각문화 미술교육에 대한 정의나 내용 그리고 교육 방법 등에 대한 학자들의 논의는 매우 다양하게 전개되고 있다. 안인기는 시각문화 교육의 내용을 크게 세 가지로 구분하여 제안하였다. "첫째, 시각문화라는 현상에 대한 이해를 지향하는 교육, 둘째, 학습자의 삶을 향상시키려는 교육, 셋째, 시각문화의 전달매체와 언어를 활용하려는 교육"이다(안인기, 2008: 9). 이러한 시각문화 미술교육에 대한 접근은 위에서 언급한 본질주의적 접근과 도구주의적 접근 어느 하나에만 귀결될 수는 없다. 시각문화 현상을 이해하고 시각문화를 표현하고 창조하는 새로운 시각언어를 학습하는 것을 강조한다는 점에서 본질주의적 접근을 지니지만 동시에 학습자가 시각문화에 대한 이해를 바탕으로 주어진 환경을 재창조하고 변화시켜 나가는 일련의 활동과 변화를 모색한다는 점에서 도구주의적 접근을 포함한다.

위와 같은 미술교육계의 흐름과 변화 속에서 교사는 자신의 교육관이 무엇인지, 특정 시각이 수업을 어떻게 구조화하는지를 반성적으로 생각할 수 있어야 한다. 교사는 자신의 교육관이 학생들에게 어떻게 비치며, 그들이 어떻게 반응하는지, 그리고 교사의 교육관과 다른 학생들의 요구는 어떠한 것인지 등을 면밀하게 살펴보는 것이 필요하다.

2) 교육과정에 대한 지식

교육과정에 대한 지식이란 특정 교과를 가르치기 위하여 고안된 일련의 프로그램과 그에 관련된 교육과정 자료를 이용할 수 있는 지식을 의미한다. 수업을 위한 교육과정 지식은 교과 관련 다양한 교육과정 자료에 대한 지식과 더불어 다른 교과의 교육과정 자료에 대한 지식, 이전에 배웠던 지식과 다음에 배울 지식과 연관시켜 가르칠 수 있는 지식이 요구된다.

우리의 경우, 초등 교사와 중등 교사 교육은 매우 다르게 운영이 된다. 교육대학교에서 배출되는 일반 초등 교사의 경우 모든 교과를 가르친다는 점에서, 미술 교육과정뿐만 아니라 타 교과의 교육과정에 대한 지식을 고루 겸비한다고 볼 수 있다. 이러한 점은 미술 수업이나 일반 수업을 운영하는 데 있어서 통합 교육을 보다 활발히, 그리고 효과적으로 할 수 있다는 점에서 그 교육적 의미가 크다.

한편 초등 교사나 중등 교사의 경우, 직전 혹은 이후 학교 급별 연계 교육과정을 전체적으로 고루 바라보는 안목이 필요하다. 학교 급별로 단절된 교육이 이루어질 경우, 교과 내용이 반복되거나 학습 부담을 가중시킬 수 있다. 따라서 교사는 학생들이 이전에 어떠한 내용을 학습했으며 다음 학년에서는 어떻게 연계가 되는지에 대한 인식을 충분히 해야 한다.

미술과 교육과정과 관련하여 교사들이 일반적으로 어렵다거나 이해하기 어려운 내용은 미적 체험이다. 미적 체험을 위해 무엇을 어떻게 가르쳐야 할지, 미적 체험이 감상과는 어떻게 구별되는지 등에 대해 어려움을 느끼고 있다.

교육과정에서 미적 체험이란 용어가 나온 시기는 제7차 교육과정부터다. 미적 체험이라는 용어 자체는 제6차 교육과정의 미술과 생활이라는 용어보다 좀 더 포괄적인 의미를 갖는 동시에 동기유발적 측면을 강조하기 위해 사용된 것으로 보인다. 제7차 교육과정의 미적 체험은 자연물이나 조형물에서 형, 색채, 변화, 통일 등과 같은 형식적 원리를 바탕으로 아름다움을 느낄 수 있는 능력을 기르도록 하는 데 있다. 미적 체험이 다른 표현 활동이나 감상 활동과 통합적으로 연계되어야 한다는 점에서 교과서의 단원들은 이 세 가지 활동이 통합되어 구성되었다. 다시 말하면 교과서의 각 단원은 미적 체험으로 시작하여, 표현 및 감상 활동으로 이어진다.

미적 체험에 대한 접근은 크게 두 가지로 구별된다.

첫 번째, 미적 체험이라는 용어 그대로 학생들이 여러 가지 감각을 동원하여 아름다움을 지각하는 것을 강조하는 접근이다. '미적 체험'이라는 용어는 서양 미학 이론에서 미적 경험(aesthetic experience)을 번역한 것으로 볼 때(박정애, 2001; 안금희, 2001), 미적 경험이란 가장 복잡하고 중요하며 특이한 인간의 본성으로, '미적 태도' 즉 여타의 관심을 멀리하고 대상 그 자체에만 몰두하여 지각함으로써 이루어진다고 하였다. 미적 태도는 어떤 대상을 무관심적인 공감의 상태에서 섬세하게 바라보는 태도이다(김진엽, 2001). 이때 대상의 형식 자체가 중요한 미적 경험의 요소이며 형식이란 선, 형태, 질감, 색채, 명암 등으로, 미적 경험은 형식주의적 특징에 근거한다(김진엽, 2001).

두 번째, 미적 체험은 미적으로 사고할 수 있는 능력을 기른다는 관점이다. 제7차 미술과 교육과정 해설에서는 미적 체험의 목표를 "생활 속에서의 미적 요소를 발견하고 아름다움을 느끼며 그 가치를 이해함으로써 미적으로 사고할 수 있는 능력을 기르고자 하는 것이다."라고 설명하였다(교육부, 1998: 97). 제7차 교육과정에서는 미적 체험은 그 자체의 가치를 추구한다기보다는 이러한 경험을 통한 사고력 육성이라고 하는 보다 포괄적인 미술 교육의 목표를 지향하고 있다. 그렇다면 미적으로 사고할 수 있는 능력이란 어떠한 능력을 의미하는가? 이것은 DBAE의 미학에서 '철학적 탐구'라는 용어가 말해 주는 것처럼 미적 경험을 기술하고 이해하기 위해 신념이나 생각을 명료하게 하기, 비교하기, 추론하기 등의 고등 사고 능력과 관련이 된다.

제7차 개정 미술과 교육과정에서는 미적 체험 영역에서 시각문화 환경이라는 용어가 새롭게 거론되었다. 이는 기존의 '조형물'에서 '시각문화 환경'으로 확장시킴으로써 변화하는 학생들의 시각문화 환경을 적극적으로 학교 교육과정에 끌어들이고자 하는 새로운 시도라 할 수 있다. 시각문화 환경을 어떻게 볼 건지에 대한 구체적인 교과 내용은 아직 제시되지는 않았지만 일단 교육과정적 측면에서 보면 시각문화 환경은 생활용품, 생활공간, 영상물 등을 포함하며 학습자의 감각적인 체험을 통하여 관계를 인식하는 사고를 중시하고 비판적인 안목을 형성하는 판단 과정을 체계적으로 경험할 수 있도록 하는 학습 경험을 제공해야 함을 강조한다.

제7차 교육과정에서 표현 영역의 목표는 자신의 느낌이나 생각을 창의적으로 표현할 수 있는 능력을 기르고자 하는 것이다. 창의성, 표현력에 대한 강조는 우리나라 학교 교육과정에서 지속적으로 언급해 온 목표다. 제6차 교육과정과 크게 달라진 점은 표현 영역의 내용에서 표현 활동과 관련된 필수 학습 요소로서 주제 표현, 표현 방법, 조형 요소와 원리, 표현 재료와 용구를 제시한 것이다. 과거, 보고 나타내기, 경험한 것 나타내기 등의 표현 주제별 접근에서 표현 활동의 필수 학습 요소를 중심으로 한 접근은 표현 활동에서 무엇이 중요하고 무엇을 평가할지에 대한 명확한 기준을 제시한다. 특히 제7차 개정 미술과 교육과정에서는 주제 표현, 표현 방법, 조형 요소와 원리, 표현 과정으로 개편하였는데, 이는 최근 수행평가와 같이 표현 과정의 중요성을 강조하는 교육적 풍토를 반영한 결과라 할 수 있다. 또한 표현 과정을 스스로 계획하고 수행해 나가는 조직적인 능력의 함양을 중시하고 있다.

제7차 개정 미술과 교육과정 감상 영역에서는 미술에 대한 체계적인 이해와 비평적인 언어 활동을 강조한다. 또한 미술을 문화적 차원으로 인식하고, 이러한 미술 문화 활동에 참여하는 적극적인 태도를 기르는 것을 목표로 한다. 초등의 경우 주변의 전통 미술을 체험하고 그 중요성을 이해하며, 전시회와 같은 미술 문화를 체험하고 작품을 감상하고 전시 의도 등을 파악하는 능력을 기르고자 한다.

3) 교과 내용에 대한 지식

교사가 갖추어야 할 교과 내용에 대한 지식은 고정적이지 않다. 시대적, 사회적, 학문적 요구에 따라 교과 내용은 변화할 수 있다는 것을 인식하는 것은 매우 중요하다. 전통적으로 미술 교과에서 가르칠 지식은 회화, 조소, 디자인, 공예 등과 같은 여러 가지 장르별 접근을 기초로 구성되어 왔다. 회화나 조소 등의 영역에서 기본적으로 중요하게 다루어야 하는 지식은 개념이나 원리에 대한 이해보다는 '-표현하는 법'에 대한 절차적 지식의 특성을 지닌다(안금희, 2001). 이러한 절차적 지식은 단순히 말로 설명하거나 글로 써서 가르치기 매우 어렵다. 이러한 지식은 직접적인 시범을 통해 보이고, 이를 학생들이 따라 해 봄으로써 체득하게 된다는 점에서 다른 교과와 크게 구별된다. 따라서 회화, 조소, 디자인, 공예 등의 여러 표현 영역을 교사가 골고루 경험하고 실천적 지식을 체득하는 것은 매우 중요하다.

1980년대 이후 미국에서 교육의 우수성에 대한 논의는 과학 영역뿐만 아니라 예술, 인문, 외국어까지 그 범위가 확대되었다. 그리어(Greer, 1984)가 명명한 DBAE(Discipline-Based Art Education)[1]는 미술교육의 우수성과 질에 대한 관심을 반영하고 있다. DBAE는 1960년대 학문 중심 교육과 학문 중심 미술교육에서 강조하였듯이 미술의 제 학문, 즉 미술 창작, 미술 비평, 미술사로부터 미술 교육과정의 내용을 도출하고, 네 번째 영역인 미학을 새로이 추가하였다. DBAE는 아동들의 표현 활동뿐만 아니라 미술 작품을 비평하거나 역사적 맥락에서 그 의미를 파악하고, 미술에 대한 여러 가지 신념들을 철학적으로 탐구해 보는 활동을 제안하였다. 이러한 미술교육 내용의 확장과 이에 따른 변화는 학교 교육과정뿐만 아니라 학교 미술교육 현장에도 많은 변화를 초래했다.

DBAE는 다양한 매체를 사용하여 독창적으로 이미지를 다루는 미술 창작, 미술의 본질과 의미 그리고 가치를 이해하는 미학, 미술의 문화적, 역사적 맥락 속에서 미술 작품을 감상하는 미술사, 시각적인 형태에 존재하는 속성과 특징을 해석하고 판단하는 미술 비평의 네 분야를 내용으로 설정하고 있다.

이 네 분야의 위계와 연계성에 대해 서로 다른 두 가지 관점은 교과 내용을 구성하는 데 참고할 만한 관점이다. 첫째는 미술 비평, 미술사 혹은 미학적 활동을 새롭게 강조하는 관점이다. 바칸은 기존의 미술 표현 활

1) DBAE(Discipline-Based Art Eduction)는 학문 중심 미술교육 또는 학문 기초 미술교육, 학과 중심 미술교육, 영역 중심 미술교육 등 다양하게 번역되고 있다.

동이 대부분이었던 학교 미술교육을 비판하고, 미술 비평과 미술사 활동을 기존의 미술 표현 활동과 동등하게 봄으로써 새로운 미술의 학문적 영역에 대한 관심을 도출해 내었다(Barkan, 1966). 그 외 아이스너(Eisner)와 스미스(Smith) 등의 미술교육 학자들도 미술사와 미술 비평을 반드시 가르쳐야 한다고 주장하였다. 특히 클락, 데이, 그리어(Clark, Day & Greer, 1987)는 네 가지 활동 모두가 유치원에서 고등학교에 이르기까지 교육과정 내용으로 포함되어야 한다고 강조하였다.

둘째는 네 가지 활동 중에서 미술 표현 활동이 근간이 되어야 한다는 관점이다. 에프랜드(Efland, 1988)는 미술교육이 DBAE에 의해 반지성주의적인 성격에서 벗어난 점은 긍정적이라고 보지만, 미술의 구조와 특성을 살리기 위해서는 미술 표현 활동이 미술 비평이나 미술사와는 차별화된 위상을 가져야 한다고 강조하였다. 즉, 미술 표현 활동이 학생의 보다 적극적인 참여 활동을 특징으로 하기에 학습의 위계상 미술사 혹은 미술 비평보다 먼저 이루어져야 한다는 점에서 미술교육의 핵심 활동이라는 것이다. 따라서 네 가지 활동 모두를 모든 학년에서 가르쳐야 한다는 인위적인 교육과정 개발 방식에서 벗어나서 미술 표현 활동으로 시작하여 미술사와 미술 비평을 통합함으로써 점진적인 심화 학습이 될 수 있도록 해야 한다고 주장하였다.

제7차 개정 교육과정에서 새롭게 등장한 개념이 바로 시각문화 환경이다(교육부, 2007). 이러한 변화 이면에는 시각문화 미술교육의 등장과 이에 따른 미술교육계의 변화를 이해하는 것이 필요하다. 1990년대 후반 새롭게 대두된 시각문화 미술교육은 우리의 일상적인 시각문화로 관심을 전환하도록 한다. 시각문화는 영화, 만화, 컴퓨터, TV, 스포츠, 패스트푸드점 등에 존재하며 막대한 영향력을 가지고 우리의 생각이나 가치관에 영향을 미치게 된다. 이러한 시각문화는 기존의 학교에서 다루었던 미술과는 구별된다. 이러한 시각문화를 미술의 영역으로 끌어들이려는 시도가 바로 시각문화 미술교육으로 나타나게 되었다고 볼 수 있다. 국내 미술교육계에서도 시각문화 교육에 대한 담론이 활발하게 전개되고 있다(김정선, 2005; 김정희, 2001; 김황기, 2003; 안혜리, 2005a,b; 황연주, 2002). 주로 시각문화 미술교육의 논의는 새로운 영상매체 교육과 연결이 되거나(황연주, 2002) 기존 미술교육의 대안으로 시각문화 미술교육의 정당성을 주장하는 논의(김정선, 2005, 김황기, 2003) 등으로 초기 단계라고 할 수 있다.

2000년 초반 DBAE에서 시각문화 미술교육으로의 전환에 있어서 가장 뚜렷한 특징에 대해 Duncum(2001)은 DBAE에서 시각문화 미술교육으로의 변화는 이전의 창조주의 미술교육에서 DBAE로의 변화보다 더욱 크고 중요하며, 가장 커다란 변화는 바로 다루고자 하는 주제의 차이에 따른 것임을 강조하였다. 즉 기존 미술교육에서 주변부에 있던 대중 미술을 중심으로 옮겨 놓는 근본적인 변화라는 것이다(안혜리, 2005 재인용).

또한 시각문화 미술교육의 목적과 관련하여 던컴(Duncum, 2001)은 비판적 이해와 empowerment을 제시하였다. 여기서 비판적 이해력이란 시각문화에 대한 개인적, 사회적 의미를 비판적으로 이해할 수 있는 능력을 말한다. 또한 empowerment는 권한 부여 혹은 세력화로 번역되고 있는데, 본 글에서는 단어의 뉘앙스를 그대로 유지하고자 empowerment 원어 그대로 사용하고자 한다. Empowerment란 학습자의 능동적 삶을 위해 더 많은 능력을 제공하는 것을 말한다. 즉, 학습자 간의 차이를 인정하며 더 나아가 가치 있는 것이라고 인식하는 것이라 할 수 있다.

보다 구체적으로 Boughton(2007)은 미술교육에서 시각문화 접근의 일곱 가지 특성을 다음과 같이 제시하였다(84-91).

↘ 첫째, 시각문화 미술교육의 기본 가정은 현대의 시각적 경험의 본성을 반영한다. 이는 다시 다섯 가지 특징으로 요약될 수 있다. 먼

저 시각문화는 모든 문화적 산물을 포함한다. 또한 오늘날에는 광고가 생활 속에서 넘쳐나며 설득력을 지니고 있다. 그리고 시각문화는 행동을 변화시키는 힘을 가지고 있으며, 순수미술과 대중미술 간의 경계가 모호해지고 있다.

↘ 둘째, 학생의 흥미는 가치 있는 것이다. 학생들이 학교 밖에서 교실에 가지고 있는 아이디어와 오브제를 가치 있는 것으로 인식하는 것이 필요하다. 이를 통해 교사는 그들의 생생한 경험으로부터 미술 지식을 개발할 수 있도록 도와줄 수 있다.

↘ 셋째, 시각문화 미술교육의 교육과정은 비판적, 현대적이며 포괄적이다. 시각문화는 학생들로 하여금 비판적으로 생각하고, 행동하도록 하는 힘을 갖고 있다. 시각문화 미술교육의 교육과정은 현대적 내용으로 구성되는데, 예를 들어 조형 요소와 같은 전통적인 내용에서 이제 현대 시각문화에서 주요하게 다루어지는 빛, 시간 등과 같은 새로운 내용들에 대한 인식이 요구된다. 시각문화 미술교육의 교육과정은 순수 미술과 대중 미술 간의 경계가 모호함에 따라 그 내용이 보다 포괄적인 것으로 이해되어야 한다.

↘ 넷째, 교육과정의 구조가 학제간적이다. 시각문화 교육과정은 다른 교과와의 통합을 꾀한다는 점에서 학제간적이다.

↘ 다섯째, 매체는 전통과 현대를 연결한다. 시각문화 미술교육에서 교사는 학생들이 매체를 비전통적인 방식으로 혹은 초문화적 방식으로 사용하도록 고무한다. 마치 현대 미술가들이 여러 가지 매체를 사용하는 방식처럼 학생들도 전통적인 매체와 새로운 매체의 혼합 혹은 전통적인 매체들을 새로운 방식으로 통합하는 능력을 개발하도록 한다.

↘ 여섯째, 개별화된 교수(instruction)를 지향한다. 시각문화 미술교육에서 학생들에게는 자신의 의견을 결정하고, 시각문화에 관해 배

운 것들에 대해 해석을 하는 기회가 더 많이 주어진다. 따라서 이러한 수업에서 학생들이 자신의 학습에 관해 책임을 갖도록 교사가 도와주는 것은 매우 중요하다.

↘ 일곱째, 평가는 참평가 방식을 취한다. 시각문화 미술교육에서 전통적인 시험 방식은 그다지 적절치 않다. 대안적 평가로서 참평가는 오랜 기간 학생들의 수행 능력을 평가하는 것으로, 예를 들어 포트폴리오 등과 같은 보다 효율적인 평가 전략을 갖는 것이 필요하다.

이와 같이 미술 교과에서 가르치고자 하는 교과 내용은 시대와 사회, 학문적 요구와 변화에 따라 끊임없이 그 모습을 바꾸어 가고 있다. 이러한 지식이 변화한다는 것을 교사들이 인식하는 것은 오늘날과 같이 급변하는 사회에서는 매우 중요하다. 또한 교사들은 흔히 자신이 잘 아는 것을 가르친다고 한다. 이러한 특징은 교사들이 교과 내용에 대한 지식을 골고루 갖추어야 할 뿐만 아니라 변화하는 새로운 교과 내용에 대한 지식을 끊임없이 추구해야 함을 요구한다.

4) 교수 방법에 대한 지식

미술 수업에서 교수 방법에 대한 지식은 일반적으로 교수 · 학습 방법과 관련지어 논의될 수 있다. 박소영 외(2002)의 연구에서 초등학교 미술과 교수 · 학습 방법을 미술과 목표에 따라 개발하여 제시한 바 있다(박소영 외, 2002, 101-133). 이러한 방법에는 미적 인식 능력과 귀납적 사고법, 표현 능력과 직접 교수법, 창의성과 창의적 문제 해결법, 감상 능력과 반응 중심 학습법이 있다.

안금희, 손민호, 김현정(2007)은 미술 수업 시 가르치는 방식을 독특한 특성에 따라 표현 활동의 지도, 스토리텔링 그리고 시각화의 활용 등의 세 가지로 제시하였다(안금희, 손민호, 김현정, 2007: 63-73).

↘ **첫째, 표현 활동의 지도** 미술 수업의 창작 활동에 대한 교수 방법에 있어서 독특한 점은 가르쳐야 하는 내용이 인지적인 요소의 조합의 성격이라기보다는 실천적 활동의 성격을 가지고 있다는 점이다. 표현 활동의 지도에 있어서 학습하게 될 제작 활동을 교사가 미술 재료와 용구를 조작하며, 학생들 앞에서 직접 시연하는 모습은 흔히 목격된다. 이렇듯 우리에게 익숙한 시연 과정은 직접 교수법 중 하나다. 시연 과정은 누군가에게 무엇무엇을 하는 법을 가르치고자 할 때 흔히 사용하는 방식이기도 하다. 표현 활동을 학생들을 대상으로 해서 시연해 보이거나 개별 지도할 때, 다음과 같은 몇 가지 특징들을 염두에 두고 살펴볼 수 있다.

- 주어진 과제에 대해 학생들의 관심을 불러일으킨다.
- 가르치려고 하는 내용을 완벽한 수준의 시범 행위를 통해 제시해 보인다.
- 과제 활동의 절차를 가능한 한 단순화하여 제시하며 그 과정 중에서 학생들이 스스로 확인할 수 있도록 한다.
- 교사는 학생들이 접하게 될 새로운 표현 방법이나 재료와 용구의 사용법에 대해 매우 상세하게 단계별로 설명함으로써, 좌절이나 실패를 조절할 수 있도록 한다.
- 학생들이 지속적으로 활동에 몰두할 수 있도록 충분히 동기와 방향을 제공해야 한다.

↘ **둘째, 수업에서의 스토리텔링** 미술 수업, 예를 들어 감상 수업에서 교사에게 당면하게 되는 과제는 미술 작품에 대한 시각적 정보를 가르치는 것 이상이다. 시각적 이해와 더불어 그 작품을 둘러싼

다양한 상상력을 불어넣게 되는 것이다. 시각적 정보는 상상력 안에 자리잡게 됨으로써 비로소 의미를 갖게 된다(Eisner, 2001). 이러한 상상력의 전달을 위해 일상적으로 교사들은 수업에서 스토리텔링 기법을 구사한다. 이를 위해 교사는 작품과 관련된 여러 정보를 수집하고 일정 부분의 내용을 취사선택하고 재구성하여 스토리보드를 짜게 되는데, 그것은 바로 학생들이 경험하게 될 교재의 내용이 된다. 수업의 내용을 하나의 스토리의 플롯으로 구성하고 이를 시각적 자료와 함께 적절히 구사하는 방법은 교사의 실천적 지식의 몫이다(Egan, 1989). 여기에는 이분법적인 대조법의 조작, 의인화 기법, 상황의 시뮬레이션, 플롯의 구성과 플롯의 적시적 구사 방법 등이 동원된다(Egan, 1989; Laurillard et al., 2000; Pederson, 1995).

↘ **셋째, 시각화의 활용** 미술 교육 내용이 의미 있게 받아들여지게 되기 위해 교육 내용을 스토리텔링과 함께 시각화하는 것이 필수적이다. 교육 내용을 시각화하여 전달하는 방법은 미술 수업에서는 매우 일상적으로 관찰 가능하다. 이러한 점에서 미술 수업에서 매개적 도구를 통한 시각화에 대한 이해는 매우 중요하다. 시각화의 도구는 미술 수업에서 교사가 사용하는 다양한 시각 자료 이외에도 언어적, 시각적 그리고 비언어적 매체 혹은 인공물 등을 모두 아우른다. 교실 칠판에 제시하는 모형 혹은 개념도 등은 특정 개념의 이해를 도모하는 데 필수적이다. 예를 들어, 흙으로 사람을 만드는 과정에 대한 설명에서 교사는 각각의 인체 부분을 제작하고 이를 이어서 만드는 표현 방법을 제시할 수 있다. 이때 이러한 과정에 대한 삽화나 제작 과정 사진은 학생들에게 제작 과정에 대한 이해를 높일 수 있는 매개물이 된다. 또한 교사의 동작이나 손짓 등은 신체 언어라 할 수 있으며 이는 또 다른 유형의 시각화 도구라고 할 수 있다.

5) 미술 교과에서 평가에 대한 지식[2)]

수업의 계획과 실행에는 학습 목표와 학습 활동과 연계되는 평가를 계획하고 실행하는 것을 포함한다. 최근 구성주의적 관점에 따라 미술과에서는 작품 결과물만이 아니라 제작 과정이나 의도 등의 모든 과정을 평가해야 한다는 수행평가의 중요성이 널리 인식되고 있다. 수행평가란 관찰과 판단에 근거한 평가(Stiggins, 1994)로서 학생들이 과제를 수행하는 모습을 관찰하거나 학생들의 학습 결과물을 분석함으로써 학습 과정 및 결과물의 질을 판단하는 것과 관련된 평가이다. 이러한 수행평가는 어떤 측면에서 보면 사실 전혀 낯선 평가 방식은 아니다. 교사들은 교실에서 학생들의 학습 과정과 성장 과정을 매일 매일 관찰하고 그에 대해 나름대로의 기준에서 평가를 한다. 반면에 수행평가가 새로운 것으로 비치는 까닭은 바로 교실에서 행해 왔던, 혹은 행하고 있는 그러한 비형식적 평가를 기존의 평가 방식에 보완하고 보다 체계적으로 하고자 하기 때문이다.

구성주의에 기초한 미술과 수행평가 도구 개발의 원리는 다음과 같다.

↘ 첫째, 구성주의에 기초한 미술과 평가는 교수 · 학습과 평가가 통합된 환경을 구성함으로써, 학습 활동의 상황성을 고려한 평가가 되도록 한다. 이는 평가를 위한 평가가 아니라 보다 유의미한 학습을 평가하는 데 기여한다. 학습을 구성하는 것은 구체적인 상황 안에서 이루어진다고 보는 이러한 관점은 교육과정 개발자 혹은 교사에 의해 학습 목표, 내용, 평가 내용 및 기준 등이 미리 정해지는 것이 아니라, 학습이 이루어지고 있는 '과정' 중에서 그러한 것들이 드러나야 한다는 점을 강조하고 있다. 따라서 교수 · 학습과 평

---

2) 이 부분은 안금희(2001)의 내용을 일부 발췌, 수정하였다.

가가 통합된 환경을 제시함으로써 상황을 배제한 학습이나 평가가 아닌 상황 속에서 평가의 내용과 기준 등이 교사와 학생 간의 상호 협력을 통해 설정될 수 있도록 한다.

↘ 둘째, 구성주의에 기초한 평가는 다양한 평가 방법의 활용을 중시한다. 특정 평가는 특정 지식을 강화시킬 수 있다는 점을 인식하고, 다양한 지식의 유형, 즉 제작 영역의 지식, 비평 영역의 지식 등을 포괄적으로 아우르기 위하여 다양한 유형의 평가 방법을 개발하도록 하였다. 학습의 제 측면이 평가 시보다 의미 있게 고려되도록 한다. 가령, 학습의 결과만을 평가하는 지필 검사와 같은 평가 방법에서 벗어나서 학습 과정, 학습자의 반성, 동료 학습자의 반응, 교사의 중간 평가 등과 관련된 평가 방법을 개발하도록 한다.

↘ 셋째, 구성주의에 기초한 평가는 주도적 학습자로서의 학생과 조언자로서의 교사의 역할을 중심으로 모두가 학습 및 평가 환경을 구성하는 상호 협력적 주체임을 강조한다(강인애, 2000). 이는 교사와 학생들이 학습 및 평가 과정에 대해 명확히 인식하고 있으며, 의도적 혹은 비의도적 결과를 수용하는 개방적 태도를 바탕으로 한다. 이 점은 위에서 언급한 학습의 상황성과 매우 밀접히 관련이 된다. 또한 교사와 학생의 역할에 대한 새로운 조명은 미술 이해와 해석에 관한 포스트모더니즘 관점이 미술가나 그의 의도보다 감상자의 의미 구성 방식에 관심을 갖는 것과 맥을 같이한다. 즉, 고정된 의미의 전달자로서의 미술가 혹은 교사가 중심이 아니라 문화 속에서 변화하는 의미를 발견하고 구성하는 감상자 혹은 학습자의 중요성이 강조되는 것이다. 그러므로 학습 과정과 평가 시, 학습자의 목소리가 충분히 반영될 수 있는 환경을 제공하도록 한다.

↘ 넷째, 구성주의에 기초한 미술과 평가는 학습자에게 중요하고 의미 있는 실제적 수행 과제의 개발을 중요시한다(조영남, 1998). 이

는 미술과 생활 사이의 보다 적극적인 상호 작용을 고무할 수 있도록 구성되어야 함을 의미한다. 미술과에서 실제적 수행 과제와 관련된 시사점은 일상의 삶과 미술을 관련짓고 개인적 맥락 내의 이야기를 선호하는 포스트모더니즘 미술교육에서 찾을 수 있다(Efland, Freedman, & Stuhr, 1996; 황숙희, 1999). 보편적 소통으로서 미술의 가능성, 미술을 위한 미술, 형식주의 미술, 창조적 개인 중심 미술을 강조하는 모더니즘과는 대비되게 포스트모더니즘은 미술의 맥락적 혹은 문화적 특수성, 미술과 삶의 관계 추구, 개인보다는 언어, 문화 그리고 사회의 상호 작용을 강조한다(Efland, Freedman, & Stuhr, 1996; Barrett, 1994; Gablik, 1991; Bowers, 1987). 이러한 미술계의 변화는 미술교육에 있어 미술 작품의 비평적, 미학적 문제에 학습자가 대화하고 참여하며 의미 있게 경험하고 학교 밖의 삶과 관련시킬 수 있도록 도와야 할 것을 종용한다(Eisner, 1988/1995; 황숙희, 1999). 가령 자연과 미술의 관계, 미술로 본 환경 문제, 지역성을 고려한 환경 조형물 등의 내용은 학습자들이 실생활에서 당면하게 되는 복합적인 상황을 고려한 미술교육 사례가 될 수 있다. 이때 학생들은 실제적 수행 과제의 문제 해결을 위해 다양한 자료와 언어를 사용함으로써 사고력과 창의력을 보다 효과적으로 증진시킬 수 있다. 다양한 자료로는 사회적으로 통용되는 실제적인 자료 가령 신문, 잡지, 방송 매체 등을 적극 활용할 수 있을 것이다.

↘ 다섯째, 구성주의에 기초한 미술과 평가는 협동 학습을 강조한다(Bruffee, 1993). 이때 협동 학습은 단순히 여러 사람의 공동의 작업을 통해 개인 부담의 정도가 줄어든다는 것 이상의 것을 요구한다. 즉, 개인의 고정된 시각이나 관점이 여러 사람들과의 토론이나 상호 작용을 통해 드러나고 다른 시각이나 관점에 대한 갈등과 이해의 상황을 접하면서, 자신의 사고를 보다 심화시킬 수 있게 된다는

것이다. 가령, 여러 나라 혹은 여러 시대의 미술 작품을 감상하면서, 학생들이 서로의 생각을 명료화하고, 답변하고, 평가하고, 논쟁하는 과정을 통해 아름다움에 대한 여러 가지 관점들을 비교하고 차이점을 드러냄으로써 보다 깊이 사고할 수 있는 기회를 제공할 수 있을 것이다.

6) 학생에 대한 지식[3)]

교사는 아동 발달 이론이나 학습 이론 등에 대한 기본적인 이해를 하고 있어야 하며, 동시에 자신의 경험이나 간접적인 경험을 통해 학생들의 인지적, 정서적, 사회적 발달 등에 대한 이해를 구축해 나가는 것이 필요하다.

학생이 지식을 습득하는 것을 어떻게 볼 것이냐와 관련하여 구성주의는 기존의 지식관과는 대비되는 관점을 제시한 바 있다.

전통적으로 지식의 습득 여부는 구체적인 행동이나 학습 결과물과 같은 사물을 통해서 드러난다고 생각해 왔다. 가령, 우리는 학생이 학습한 후에 일정한 행동을 하는가 혹은 학생의 답이 정답인가 아닌가를 통하여 학생이 학습을 했는가를 평가의 주요한 내용으로 여겨 왔다. 학생은 머릿속에 지식을 갖고 있으며 지식은 행동이나 결과와 같은 사물에 그대로 투사된다고 생각해 왔다. 이러한 관습에는 학교가 다루는 지식은 객관적 사실 정보의 집합체라는 가정이 있다. 우선 공식적으로 채택된 교육과정 지식이 객관적 지식이라는 믿음은 지난 세기 동안 학교 교육에 대한 우리의 이미지를 고정시켜 온 지배적인 생각이었다(Apple, 1993).

전통적으로 지식은 마치 낱낱의 사실적 정보처럼 학습자들에게 전달되어야 하는 것으로 여겨져 왔다. 그러나 구성주의 학자들에 따르면 지

---

3) 이 부분은 안금희(2001)의 내용을 일부 발췌, 수정하였다.

식은 개인적으로 혹은 사회적으로 구성되고 그것은 사람의 가치, 흥미와 행동들을 총체적으로 반영한다는 것이다(Rogoff, 1982; Brown, Collins, & Duguid, 1989; von Glaserfeld, 1995). 구성주의는 사람들이 어떻게 의미를 만들어 가고 어떻게 구성해 나가는가에 관한 반성의 일환으로 제기되어 왔다(Bruner, 1986; 1990).

일반적으로 객관주의와 구성주의 간의 차이점에 관해서, 객관주의자 혹은 실증주의자들은 보는 주체와 상관없이 진리가 보편적으로 실재한다고 믿는 반면에, 구성주의자들은 보는 주체에 따라서 사물의 인식과 실제가 다르다고 주장한다는 점은 널리 알려져 있다. 이를 보다 자세히 살펴보면 다음과 같다.

- 첫째, 객관주의에서는 지식을 인식 주체와 독립된 것, 고정된 것으로 본다. 이러한 지식은 '발견'되는 것이며 그것은 역사적, 문화적 제약을 초월하여 존재하는 사실적 정보와 같다는 것이다. 반면에 구성주의에서는 개인이 그가 속해 있는 사회, 역사 및 상황 속에 살아 가는 것이 그가 접하게 되는 지식에 결정적인 역할을 한다고 본다. 이때 그 개인은 본인의 특정한 사회적 경험과 배경을 바탕으로 자신의 개인적인 인지적 작용을 통해 대상에 대한 이해를 구성해 나간다. 이러한 이해는 지속적으로 실제로 살아 가는 상황이나 맥락과 맞물려 구성과 재구성의 과정을 반복하게 된다. 이러한 점에서 구성주의에서는 개인과 별개로서의 사회나 사회와 별개로 존재하는 개인의 존재를 부정한다는 점을 강조한다.
- 둘째, 인식의 주체와 대상과의 관계에 대하여 객관주의는 일정하게 정해진 '옳은' 방법을 통해서만 지식을 얻을 수 있다고 가정한다. 반면에 구성주의에 따르면 지식이란 외부 세계에 대해 단순히 거울과 같이 똑같이 받아들여지는 것은 아니라는 것이다. 지식의

축적이라고 하는 의미를 지닌 지식을 '얻는다'라는 말보다는 여기서는 아마도 특정 상황 속의 개인의 지속적인 '구성' 과정이라는 의미가 보다 적절할 것이다. 따라서 어떠한 대상이 개인의 인식 대상이 될 때 그것이 어떤 의미를 갖는지 다른 맥락이나 다른 인식체계를 가지고 있는 타인으로선 '정확히' 알 수는 없다. 다른 경로를 통해 다다르게 된 개인들 간의 서로의 이해는 부단한 교섭이나 의미 공유 과정을 요구하게 된다는 것이다.

이러한 구성주의적 관점에 따르면 학습자는 서로 다른 능력의 종류나 수준과 사고의 구조를 가지고 있다는 점을 강조한다. 지식은 감각이나 의사소통에 의해 수동적으로 획득되거나 발견되는 것이 아니라 인지 주체에 의해 적극적으로 '구성'된다. 따라서 어떠한 지식을 얼마만큼 아는가가 중요한 것이 아니라 지식을 구성하는 주체로서 학습자 개인의 맥락을 강조할 필요가 있다. 개인의 구성은 Piaget(1923/1985)나 Vygotsky(1978/1994)와 같은 인지주의 심리학자들에 의해 논의되어 왔다. 이러한 입장에서는 한 개인이 다른 개인과 똑같은 지식을 가질 것이라고 가정하는 것은 잘못이라는 점을 경험적 연구를 통해 밝혀 왔다. 다시 말하면, 개인은 그가 속한 특정 사회의 사회적, 문화적, 역사적 맥락에 영향을 받으며 자신의 경험을 기초로 아는 것을 구성한다는 것이다.

교사는 학습자가 학습을 한다는 것이 어떻게 이루어지는지에 관한 관점, 즉 자신의 지식관이 어떠한지에 관해 반성하는 자세가 필요하다.

미술과에서는 교과의 특성상 미술 표현 발달단계와 미적 인식 능력 발달단계에 대한 지식이 요구된다. 학습자의 미술 표현력이나 미적 인식 능력이 어떠한 방식으로 발달하는지에 대한 교사의 지식은 학습자의 능력을 판단하고 다음 단계로의 지도를 위해 필수적이라고 할 수 있다.

아동의 미술 표현 발달단계에는 여러 학자들의 이론이 있다(김성숙 외,

2007 참조). 이들 중 널리 알려져 있는 로웬펠드의 평면 표현 발달단계는 피아제의 인지 발달 이론을 기초로 하였다(Lowenfeld, 1947). 로웬펠드는 난화기(2~4세), 전도식기(4~7세), 도식기(7~9세), 또래집단기(9~12세), 의사실기(12~14세), 사춘기(14세 이후) 미술로 구분하였다.

사람들이 미술을 어떻게 이해하는지 미학적 관점에서 논의한 파슨스의 미적 인식 능력 발달단계는 비교적 최근 이론으로, 어떻게 학습자가 미술 작품에 대해 반응하고 이해하는지를 제시하고 있다(김성숙 외, 2007: 170-175). 파슨스는 인간의 인지 발달과 예술품을 바라보는 시각과 해석력 발달의 상관관계를 연구하기 위해 같은 미술품을 각가 다른 연령의 아동과 청소년, 성인에게 보여 주고 같은 질문에 대상자들이 어떤 반응을 보이는지 관찰하는 연구 방법을 활용하였다. 예를 들어, 피카소의 〈우는 여인〉이란 작품을 서로 다른 연령의 학생들에게 보여 주고 반응을 분석하여 미적 인식 능력의 발달 정도를 측정하는 것이다(Parsons, 1994; Parsons & Blocker, 1998). 파슨스는 미적 인식 능력을 5단계로 구분하였는데, 연령보다는 미적 경험이 발달에 더 많은 영향을 미친다고 판단했기 때문에 각 단계별로 연령을 제시하지 않았다(Parsons, 1987). 이 이론은 감상 수업에서 학습자의 여러 반응을 이해할 수 있는 기초적인 이해를 제공한다는 점에서 미술 교사가 고려해야 할 내용이다.

위와 같은 미술 표현 발달단계나 미적 인식 능력 발달단계에 대한 지식을 갖는 것만큼 자신이 경험한 학생 발달에 대한 경험을 축적하는 것이 무엇보다 중요하다. 또한 지역적, 사회적 배경 등에 따라 학습자의 발달이 다르다는 것을 이해하는 태도도 중요하다. 학생들의 인지, 표현력, 미적 인식력 등의 발달이 어떻게 이루어지는지에 대한 경험과 지식을 다양하게 하는 것은 교사의 PCK를 구성하는 핵심적 내용임에 틀림없다.

7) 수업 설계 및 실행

일반적인 수업 설계에서 고려해야 할 내용은 다음과 같다.

- **첫째, 미술과 목표 확인 및 설정** 수업에서 가르치고자 하는 미술과 수업 목표를 확인하고 선정하기 위해, 미술과 교육과정 및 교과서의 관련 내용을 확인한다. 이를 바탕으로 가르치고자 하는 수업의 목표를 구체화한다.
- **둘째, 미술과 내용 선정 및 재구성** 미술과 교육과정 및 교과서의 내용을 바탕으로 구체적인 수업 내용을 선정하기 위해서는 학생들의 인지 발달이나 흥미, 지역적, 사회적 상황 등에 관한 실제적인 맥락을 고려하는 것이 중요하다. 관련 자료 및 실제적 맥락을 고려하여 수업 내용을 재구성하는 것이 필요하다.
- **셋째, 수업 자료 선정 및 재구성** 미술과 수업 자료의 유형은 학교급별에 따라 매우 다르게 나타난다. 초등학교의 경우, 미술 교과서에 대한 의존도가 높은 반면 중등학교의 경우, 교과서보다는 미술관의 전시, 미술 관련 참고문헌 등 여러 가지 출처에서 수업 자료를 개발하고 선정하는 편이다. 최근에는 인터넷에서 제공되는 여러 가지 수업 자료를 이용하기도 하는 추세다. 미술 교과의 경우 수업 자료는 주로 참고 작품으로서 미술 작품을 적절하고 효과적으로 활용하게 되는데, 특정 교육 사이트에서 이러한 참고 작품과 더불어 파워포인트 교재를 제공함으로써 교사의 수업 자료 개발의 부담을 덜어 주고 있다. 그러나 학교나 학생이 처한 문화적, 사회적 맥락이 다른 만큼, 또한 학생들의 인지적, 사회적, 정서적 발달이 다른 만큼 수업의 관련 자료를 선정하고 재구성하는 데 있어서 교사의 적극적인 노력이 필요하다.

↘ **넷째, 수업 방법 선정** 미술과의 수업 방법은 매우 다양하다. 크게는 표현 활동을 중심으로 한 수업과 감상 활동을 중심으로 한 수업으로 구분할 수 있다. 이외에도 학생 조직 방식에 따라 개별 활동 혹은 모둠 활동, 전체 활동으로 구분될 수 있다. 또한 현장 체험 학습이나 조사 학습 등 여러 가지 유형의 수업 방법을 생각해 볼 수 있다. 수업의 목표를 효과적으로 달성하며, 수업 내용을 적절하게 이해시킬 수 있는 수업 방법을 선정하기 위해서는 실제적이 경험과 다양한 수업 방법에 대한 지식 등이 필요하다.

↘ **다섯째, 평가 계획 및 설계** 미술과에서 평가는 일방적으로 교사가 학생의 작품과 같이 마지막 결과물만을 평가하기보다는 학생의 학습 결과뿐만 아니라 과정 전반에 대한 성취도 평가가 중요하며, 학습자 스스로의 평가도 그 중요성이 부각되고 있다. 특히 미술과 평가의 경우 자칫 주관적인 평가로 치우칠 수 있다는 문제점이 지적되는 만큼 평가 주체의 다양화, 평가 기준의 상세화 및 구체화, 평가 방법의 다양화 등이 요구된다.

수업 실행 시 고려해야 할 내용은 다음과 같다.

↘ 첫째, 미술과 목표 제시 및 도달 여부

↘ 둘째, 미술과 내용의 체계적 제시 및 공유: 미술 교과서 및 관련 자료를 참고하여 수업에서 가르치고 하는 목표를 달성할 수 있는 수업 내용을 체계적으로 제시하도록 한다.

↘ 셋째, 수업 자료와 방법의 적절한 활용

↘ 넷째, 수업 방법의 적절한 활용

미술과 수업을 실행하는 데에 고려해야 할 사항은 다음과 같다(안금희,

손민호, 김현정, 2006).

↘ 첫째, 학습 동기유발은 수업을 운영하는 데 매우 중요한 과제다. 심리학자들에 따르면 전통적으로 동기란 행동의 시작, 방향, 강화, 지속을 설명하기 위해 사용되는 개념이다. 동기란 사람들의 과제를 성공적으로 수행할 것이라고 기대하는 정도, 그리고 그에 대한 보상의 가치 정도와 관련된다. 따라서 교사들은 학생들이 학습을 성공적으로 수행할 것이란 기대를 높이며, 이러한 학습이 왜 가치 있는지에 대해 확신시키는 것이 필요하다.

↘ 둘째, 수업 평가에 있어서 수업 목표를 명료하게 제시하는가는 매우 중요한 평가 기준이 된다. 일상적인 수업보다는 연구 수업이나 혹은 공개 수업의 경우 수업 목표를 칠판에 판서로 제시하고 이를 학생들에게 크게 소리내어 읽도록 하기도 한다. 일상적인 수업의 경우에는 수업 목표가 교사나 내용에 따라서 수업 활동이 전개되며 제시되는 경우도 있다. 정리해 보면 미술과에서 수업 목표는 대체적으로 두 가지 방식으로 제시된다. 먼저 수업의 도입과 더불어 제시되는 경우와 학습 내용 관련 질문이나 시각적 이미지를 충분히 제시한 후에 수업 목표를 제시하는 경우로 구분될 수 있다.

↘ 셋째, 교과 내용과 교수 · 학습 방법을 적절하게 선택하고, 교사의 발문이 수업 전개에 따라 적절하게 이루어지고 있는지를 고려해야 한다. 수업 전개는 수업의 주요한 교수 · 학습 활동이 이루어지는 단계로 전체 수업 시간의 70% 이상을 차지하는 수업의 핵심이 되는 단계다. 수업 전개 단계에서 관찰할 바는 교사가 교과 내용을 어떻게 선택하는가 그리고 어떠한 교수 · 학습 방법을 사용하는가이다. 그리고 교사의 발문에 따라 수업의 전개는 다양하게 나타난다. 교사는 주어진 교육과정과 교과서 등에 제시되는 교과 내용을

선택하고 재구성하게 되는데, 이러한 과정에서 교사의 교과에 대한 이해를 확인할 수 있다. 여러 가지 교수 · 학습 방법 중에서 특정 교수 · 학습 방법을 선택하게 되는데 이러한 교수 학습 방법이 교과의 내용과 어떠한 연관성이 있는지를 살펴보는 것은 매우 중요하다. 또한 수업에서 교사는 발문을 통해 수업을 전개시키며, 이러한 발문은 학생들의 사고를 자극한다.

수업에서 이루어지는 교사의 질문은 질문의 수준, 즉 질문이 요구하는 학생의 인지 수준, 교과의 내용 등에 따라 다양하게 그 유형을 분류할 수 있다. 일반적으로 고등 수준의 질문이라고 할 때, 질문의 수준을 질문을 답하는 데 요구되는 인지 과정의 유형에 기초하여 분류하였다. 질문의 수준에 대한 분류 체계는 지식, 이해, 적용, 분석, 종합, 평가라는 6단계의 블룸식 분류 방식(Bloom, 1956; Hyman, 1979; Sanders, 1966; Stephanie, 1982), 혹은 사실적 질문과 고등 수준의 질문 두 가지의 분류(Gall, 1984; Redfield, & Rousseau, 1981; Winne, 1979)가 있으며, 네 가지, 즉 인지 기억적 질문, 수렴적 사고 질문, 확산적 사고 질문, 평가적 사고 질문으로 구분하여 제시하기도 한다. 인지 기억적 질문이란 기억, 사실 등에 대한 단순한 재생과 관련된다. 수렴적 사고 질문은 제시되었거나 기억한 자료의 분석 및 통합을 요구하는 질문이다. 확산적 사고 질문이란 사실들의 연결, 관계성 인식, 설명, 예측, 비판적 판단 등을 요구하는 질문이다. 마지막으로 평가적 사고 질문은 기준을 사용한 가치의 문제를 다룬다.

↘ 넷째, 수업을 마치고자 할 때에는 학습 과제에 대한 정리, 배운 내용에 대한 간단한 평가 작업, 다음 학습에 대한 예고 등의 활동을 수행한다. 특히 수업 종결부에서는 수업을 정리하면서, 해당 시간의 학습 내용에 대한 간단한 문답으로 수업 및 학습에 대한 평가를

할 수 있다. 이 외에도 학생의 자기평가지를 통해서 수업 시간에 배운 내용을 되새겨 보고 자신의 학습 태도를 평가해 보도록 할 수 있다. 수업에 대한 학생들의 평가를 묻는 질문을 통해 교사는 수업에 대한 피드백을 받을 수도 있다.

8) 수업 반성 및 개선을 위한 노력

자신의 수업을 개선하고, 교사의 전문성을 신장시키기 위해 자신의 수업에 대해 반성하고 노력하는 태도가 중요하다. 교과 내용이 시대와 사회적 요구에 따라 변화해 나가는 것처럼 수업을 지속적으로 개선하는 노력이 필요하다.

교사의 수업 반성 및 개선을 위한 방법에는 여러 형태가 있다. 예를 들어, 학교 내 혹은 학교 밖의 교과연구회와 같은 교사 모임에 자율적인 참여를 통해 교사의 수업 반성 및 개선을 점진적으로 이룰 수 있다. 또한 특정한 미술 분야, 예를 들어 미술관이나 그림 동호회와 같은 다양한 미술계에 참여함으로써 교사 자신의 수업을 되돌아볼 수도 있다. 마지막으로 자신의 수업에 대한 모니터링을 스스로 해 봄으로써 자신의 수업에서 나타나는 특징을 새롭게 바라볼 수 있는 안목을 기를 수 있다. 익숙한 자신의 수업을 낯설게 바라보는 것은 수업 개선을 위한 중요한 발판이 된다.

제 2 장

미술과 수업 컨설팅의 방법 및 절차

제 2 장

미술과 수업 컨설팅의 방법 및 절차

1. 미술과 수업 컨설팅 방법

1) 미술과 컨설팅 방법

수업 컨설팅은 비교적 장기간에 이루어지는 것으로, 컨설팅의 여건에 따라 여러 가지 방법(혹은 단일 방법)을 활용할 수 있다. 이용숙은 컨설팅 방법으로, 수업 계획안 분석을 토대로 한 컨설팅, 수업 비디오테이프를 토대로 한 컨설팅, 학생 피드백을 토대로 한 컨설팅, 수업 관찰 기록을 토대로 한 컨설팅의 네 가지를 제시하였다(이용숙, 2006).

임찬빈 외(2004)는 보다 구체적인 컨설팅 방법을 다음과 같이 제시하였다(강선주, 설규주, 2007: 89-90 재인용).

<table>
<tr><th>단계</th><th colspan="2">특징 및 내용</th></tr>
<tr><td>수업 전
협의</td><td colspan="2">관찰자와 피관찰자의 친밀감 형성
수업자의 수업 관련 딜레마 상황 파악
학습자 및 학습 환경 파악
관찰 기법 선정
수업 관찰 시 주의사항 숙지</td></tr>
<tr><td rowspan="6">수업
관찰</td><td>선택적 언어 자료
분석</td><td>의사소통의 내용을 강조
실제로 말해진 것을 정확하게 기록
녹음이나 비디오 촬영 방식 활용</td></tr>
<tr><td>언어 흐름 분석</td><td>의사소통의 유형을 강조
누가 누구에게 말하는지 기록
토론식, 문답식 수업에 유용</td></tr>
<tr><td>교실 활동 분석</td><td>카메라를 90초 간격으로 전체 학급 촬영
학생과 교사의 다양한 모습의 추이를 포착
학생 행동과 학습과의 관련성 파악에 유용</td></tr>
<tr><td>일화 기록 및 분석</td><td>수업 중에 일어난 것과 말해진 것에 대한 간단한
노트 작성
수업 중 행동은 물론 맥락에도 주의
정확한 관찰 초점을 결정하지 못한 경우에 유용</td></tr>
<tr><td>비디오/오디오
기록</td><td>수업 활동의 외적 실재를 기록
학생이 교사를 보는 시각에서 교사 자신을 관찰
하는 데 유용
폭넓은 초점 제공</td></tr>
<tr><td>일지 작성</td><td>수업 활동의 내적 실재를 기록
수업 활동 경험 및 그에 대한 질문과 반성을 규칙
적으로 기록
교사의 반성적 사고 발달을 장려</td></tr>
<tr><td>수업 후
협의</td><td colspan="2">수업 관찰을 통해 얻은 자료 공유
수업에 대한 객관적이고 협조적인 분석 및 비평 제공
수업자의 자신감 고취
향후 수업을 위한 의사 결정(변화, 반복, 강화, 제거, 수정 등)</td></tr>
</table>

2) 컨설팅 방법으로서의 수업 관찰[1)]

컨설팅은 기본적으로 수업 자체에 대한 심도 있는 이해를 근간으로 진행되어야 한다. 따라서 수업 관찰은 컨설팅의 핵심적인 과정이며 방법이라 할 수 있다. 본 글에서는 컨설팅의 기본적인 기법으로서 수업 관찰의 필요성과 구체적 방법을 제시하였다.

(1) 수업 관찰의 필요성

수업 관찰 방법과 관련하여, 20세기 초 교육학은 인간의 사회적 행동을 예측할 수 있다는 강한 믿음에 따라 교육 현상을 관찰하고 분석하고자 하였다(Wragg, 1999). 이에 따라 교육학 관련 연구를 통해 개발된 수업 관찰의 양적 방법은 매우 다양하다. 초기 양적 연구는 교사가 학생에게 정보를 제공하는 일명 주입식 교육이 일반적으로 시행되던 시기에 이루어졌다. 이때 주요 관찰 주제는 학생들이 교사에게 얼마나 집중하는지와 관련된 주의집중도에 관한 것이었다. 이러한 데이터는 과목 내용, 시험 점수 등의 다른 데이터와 관련하여 좋은 수업과 좋지 않은 수업을 구분하는 데 사용되기도 하였다.

이와 같은 초기 연구의 토대 위에 점차 연구자들은 교실 속의 대화에 관심을 갖게 되었다. 교사가 사용하는 대화에 대한 초기 연구에서는 대화의 종류를 분류하는 데 집중되었다. 위드올(Withall, 1949)은 교사의 대화 형태를 일곱 가지 형태로 구분하고 세 가지 범주로 묶었다. 세 가지 범주 중 학습자 중심 범주에는 확인, 수용, 질문이 속하고, 교사 중심 범주에는 지시, 훈계, 자신의 행동 정당화가 있으며, 중립적 범주에는 반복,

1) 본 내용은 한국교육과정평가원 교수학습센터 미술과 수업장학 사이트의 미술 수업 관찰3－질적 관찰 기법(안금희) 부분을 발췌한 것이다. http://classroom.kice.re.kr/kice/content07/index.jsp?MENU_NO2=9

학급 관리가 있다. 교사의 수업 행동 분석법으로 유명한 플랜더즈는 10개의 범주 체계를 만들었다(Flanders, 1970). 플랜더즈의 분석법은 수업 분석 관련 연구에서 다양하게 변형되어 널리 사용되고 있다. 그러나 플랜더즈의 범주는 한계를 지니고 있는데, 예를 들면, 교사의 질문이 있는 경우 질문의 특성이나 질문의 기능이 구체적인 맥락에서 다양하게 해석될 수 있지만 이에 대한 질적 분석이 이루어지기 힘들다는 한계가 바로 그것이다(Wragg, 1999).

교사의 수업 행동에 대해 고정된 의미의 파악보다는 보다 유동적이며 다층적인 의미를 밝혀내는 총체적인 분석을 요구하는 이유는 수업이 일어나는 맥락이 매우 복잡하고 중층적이라는 데에 있다. 도일(Doyle, 1986)에 따르면 교실 수업은 다음과 같은 속성을 지닌다.

- 첫째, 수업은 다층적이다. 다양한 일로 구성되고 진행되는 수업에서 한 사건은 여러 가지 결과를 낳는다. 예를 들어, 학생에게 질문한 후 대답을 기다리는 시간은 그 학생에게는 의미 있는 시간이지만, 다른 학생들에게는 자칫 지루하게 느껴질 수 있다.
- 둘째, 동시다발적 특징을 갖는다. 많은 일들이 동시에 일어난다. 가령 교사는 학생들의 반응을 통해 개별 학생의 이해 수준뿐만 아니라 전체 학생들의 이해 정도를 파악할 수 있다.
- 셋째, 즉각적이다. 수업 도중에 교사는 즉시적으로 반응해야 하는 일들이 많다.
- 넷째, 예측할 수 없으며 공적인 특징을 지닌다. 수업에서의 일들은 예상할 수 없는 방식으로 일어나며, 개별 학생과 교사 간의 일은 모든 학생들에게 관찰 가능하다는 점에서 공적이다.

이렇듯 수업은 정말 복잡하고, 다층적인 특징을 갖는다. 그렇기 때문에 수업 관찰은 매우 어려우면서도 수업 이해를 위해서 핵심적인 단계다.

(2) 수업 관찰 방법

관찰한 바를 기술하는 방법은 수업 컨설팅에 있어서 합리적인 근거를 제공해 줄 수 있다는 점에서 매우 중요하게 다루어져야 할 내용이다. 특히 수업에 관한 질적 관찰은 수업이 이루어지는 맥락에서 수업의 상호 작용을 관찰함으로써, 수업에 대한 일방적인 평가가 아니라 수업에 대한 심도 있는 이해를 도모할 수 있도록 한다는 점에서 중요한 의의를 지닌다.

수업 연구에 있어서 질적 방법의 가장 중요한 특징은 바로 현장 중심이라는 점이다. 현장 중심의 접근은 연구자들의 직접적인, 개인적인 관찰을 필요로 한다. 참여 관찰은 행위의 의미를 맥락 속에서 이해한다는 점에서 연구자에게 다음과 같은 이점을 줄 수 있다(Patton, 1990).

- 첫째, 수업 과정과 활동을 직접적으로 관찰함으로써 관찰자는 수업이 이루어지는 맥락을 더 잘 이해할 수 있다.
- 둘째, 현장에 관한 직접적인 경험으로 인해 관찰자는 추론적이며 탐구 중심의 접근을 할 수 있다.
- 셋째, 연구자는 참여자들 간에 일상적으로 의식되지 않는 것을 볼 수 있는 기회를 갖게 된다.
- 넷째, 직접적인 관찰을 통하여 연구자는 참여자가 면담에서는 별로 말하고 싶어 하지 않는 것들을 알 수 있다.

참여 관찰에서는 관찰자가 직접 현장 구성원의 삶에 참여하면서 그들의 행위나 말 그리고 자신이 경험한 것이나 느낀 것 등을 자료로 사용한다. 이때 현장 구성원과 간단한 대화나 비공식적으로 면담한 자료도 포함된다.

참여 관찰 방법은 다음과 같다.

↘ 첫째, 수업 관찰에서 모든 것을 관찰하는 것은 불가능하다. 따라서 수업 관찰의 목적이나 자신의 관찰 관점에 따라 관찰의 초점을 선정하는 것이 중요하다. 수업 개선을 목적으로 새로운 미술 지도 방법을 보여 주는 수업 관찰에서는 교사의 수업 전개에 초점을 맞추게 된다. 또는 학생들의 탐구 활동 중심의 수업에서는 학생들의 활동에 보다 초점을 맞추어야 할 것이다. 이를 위해 수업 관찰 전에 수업 관련 자료(수업 지도안, 참고 자료 등)를 수집하고 살펴보면서 관찰 초점을 생각해 본다.

↘ 둘째, 수업 관찰을 위한 교실로 가서 관찰에 가장 유리한 장소를 잡는다. 그리고 교실의 평면도를 그리고 자신이 앉은 위치를 표시해 놓는다. 평면도에는 교사의 움직임뿐만 아니라 학생들의 움직임을 기록할 수 있다.

↘ 셋째, 수업 관찰 시에는 수업 관찰 기록지를 작성한다. 관찰지의 구성은 크게 두 가지로 구분된다. 하나는, 전체적인 수업 상황에서 보고 들은 것을 가능한 한 빠짐없이 기록하는 기술 영역이다. 다른 하나는, 수업 상황에 대한 관찰자의 경험이나 이론적 관점에 따라 느낀 점을 기술하는 해석 영역이다. 이 두 가지가 구분되기 힘든 때도 있지만, 나중에 수업 상황을 다시 면밀히 분석하기 위해 되도록 구분해서 기술한다.

↘ 넷째, 수업의 이해를 위해 필요한 경우, 쉬는 시간을 이용하여 학생들의 활동지, 작품 등을 빌려서 관찰 내용과 비교해 본다. 또는 수업 직후 학생들이 수업 및 교사에 대한 의견을 낼 때, 혹은 교사가 자신의 수업에 대한 평가를 하는 내용은 가능한 자세히 기록을

하도록 한다.

↘ 다섯째, 수업을 관찰할 때 녹음기나 비디오 등을 활용하면, 나중에 다시 한 번 확인할 수 있어서 좋다.

〈표 2-1〉 수업 관찰 기록지

<table>
<tr><td colspan="3">수업 관찰 기록지

장소: 일시: 교사:
공식적 수업 시작 시간: 실제 수업 시작 시간:</td></tr>
<tr><th>시간</th><th>수업 내용 기술</th><th>해석 및 분석</th></tr>
<tr><td></td><td>• 수업 상황을 관찰하면서 순서대로 기록한다. 되도록 주관적인 해석이나 판단은 옆의 해석 및 분석 칸에 구분하여 적는다.
• 수업 대화에서 실제 사용한 단어를 그대로 적는다.
• [ ]를 사용하여 행동을 기록한다.</td><td>• 옆의 상황에 대한 관찰자의 느낌이나 해석을 적는다.
• 보충 설명, 더 조사할 내용 등을 기술한다.</td></tr>
<tr><td></td><td></td><td></td></tr>
</table>

3) 일화 기록 기법

관찰자는 수업에서 일어나는 일 중에서 가중 중요하게 여겨지는 것을 기록하고 이를 잊지 않도록 하기 위해, 일화 기록 기법을 활용할 수 있다. 관찰자는 교사가 수업에서 어떠한 규칙을 만들어 가는지, 혹은 학생의 반응에 어떻게 대응하는지, 학생들 간의 관계를 보여 주는 암시적 사건은 무엇인지 등을 보여 주는 특정 행위를 관찰하고 기록하도록 한다.

일화 기록 기법은 플라나간(Flanagan, 1949)이 개발한 '중요한 사건(critical incidents)' 기법에 기초한 것이다. 관찰자는 아래의 표를 활용하여 사건이 일어나게 된 배경, 무엇이 일어났는지 그리고 결과가 무엇인지를 대략 적는다.

〈표 2-2〉 **일화 기록지**

일화 번호 ________________	교사 이름 ________________
반 ________________	요일 ________________

■ 사건이 일어나게 된 배경은?

■ 무슨 일이 일어났는가?

■ 결과가 무엇인가?

■ 참여자와의 인터뷰

수업이 끝난 후에 교사와 인터뷰하면서 무슨 일이 있었는지 그들의 생각을 물어 본다. 인터뷰를 할 때는 '왜 …하지 않았지요?'와 같은 저의가 있거나 유도적인 질문보다는 '…에 관해 이야기해 주실 수 있으세요?'와 같이 중립적인 언어를 사용하도록 한다. 상황에 따라서 관찰자는 어린이들에게 이야기를 걸 수도 있지만 관찰자가 윤리적인 태도를 갖고 관련 교장과 교사가 학생 인터뷰에 대해 전적으로 동의한다는 것을 확실히 하는 것이 중요하다. 교사에 관해 간접적 혹은 직접적으로 학생들과 이야기하는 것은 동의 없이 할 수 없으며 동의를 받고 하더라도 이러한 문제는 조심스럽게 인터뷰를 해야 한다.

4) 심층 면담

심층 면담은 수업 컨설팅의 전 과정에 활용될 수 있는 기법이다. 모든 수업 과정과 결과에 대해 참여자들의 생각이나 신념을 이해하거나 관찰자의 의문 사항을 질문하고 대답하는 것으로 주요한 자료 수집 방법이다. 심층 면담에서는 관찰자의 질문에 따라 교사나 학생 등의 참여자들이 자신의 경험에 관한 의미를 구성하고 이야기하도록 하는 것이다. 면담에는 구조화된 면담(예/아니요, 선다형 문항 등)과 반구조화된 면담(개방형 질문 포함), 비구조화된 면담(자연스러운 대화)로 구분된다. 교실 수업 관찰자들은 일정한 질문과 더불어 교사나 학생과의 자연스러운 대화로 이루어지는 반구조화된 면담을 선호한다.

수업 장면이나 관련 사진을 찍고 이러한 자료를 이용하여 면담을 하면 교사와 학생들의 관점을 보다 구체적으로 자연스럽게 이끌어 낼 수 있다. 심층 면담의 시기는 어느 정도의 관찰을 한 후가 적절하다.

다음은 면담에 사용되는 질문의 유형으로 스프레들리의 질문 유형을 수정한 것이다(Spradley, 1980).

〈표 2-3〉 면담 질문의 유형

기술적 질문	개괄적 질문: 수업 전반에 대한 개괄적인 윤곽 파악을 위한 질문	평가는 어떻게 하세요?
	특정 사건과 관련된 질문: 특정 사건에 대한 참여자의 의견을 묻는 질문	감상 수업에서 특히 학생들이 어려워하는 점은 무엇이라고 생각합니까?
	예시 질문: 참여자가 언급한 내용에 대해 예를 들어 달라는 질문	구체적으로 어떤 사례가 있을까요?
	경험 질문: 참여자들의 경험에 대한 질문	이전에 좋은 미술 수업이라고 느꼈던 수업에 대해 이야기해 주세요.

<table>
<tr><td rowspan="2">구조적 질문</td><td>확인 질문: 참여자들에게 관찰자의 가설을 확인 혹은 부정하도록 청하는 질문</td><td>평가가 수업에 더 적극적으로 활용되면 수업 자체도 긴장감이 생길 것 같아요. 그렇지 않은가요?</td></tr>
<tr><td>표제어에 관한 질문: 가장 많이 사용되는 구조적 질문으로 주요 개념이나 용어에 관해 묻는 질문</td><td>선생님이 생각하는 수행평가는 어떤 평가입니까?</td></tr>
<tr><td rowspan="3">대조 질문</td><td>대조 확인 질문: 두 개 혹은 그 이상의 용어 간의 차이를 발견한 후 그 차이가 맞는지 확인하는 질문</td><td>선생님께서 좋은 수업과 재미있는 수업은 동일하지 않다고 말씀하셨는데, 좋은 수업은 학습내용, 수업 방식이 참신하다면, 재미있는 수업은 학생들의 흥미와 요구에 좀 더 부합하는 수업이라고 할 수 있나요?</td></tr>
<tr><td>유도된 대조질문: 특정한 용어에 대해 대조적인 다른 용어가 있는지 물어보는 질문</td><td>반장이 선출된 거라면 부반장도 선출합니까?</td></tr>
<tr><td>등급 질문: 참여자들로 하여금 일정한 기준에 따라 순서를 배열하도록 하고, 순서를 말해 달라는 질문</td><td>학생들의 여러 가지 표현 활동을 선생님이 정한 기준에 따라 순서를 배열해 주세요. 어떤 순서에 따른 것입니까?</td></tr>
</table>

〈면담 시 유의사항〉

첫째, 처음에는 답하기 편한 질문으로 시작하고 의견을 묻는 질문은 뒤에 한다.

둘째, 참여자의 답을 유도하는 유도질문은 하지 않도록 한다.

셋째, 미리 준비된 질문 이외에도 후속 질문을 충실하게 한다.

2. 미술과 수업 컨설팅 절차

미술 교과 수업 컨설팅 절차를 전체적으로 요약하면 다음과 같다.

단계	과정	주요 내용
I. 준비 단계	I-1 첫 만남	• 의뢰인의 컨설팅 의뢰 • 컨설턴트의 접수 • 의뢰인의 문제 파악 • 의뢰에 대한 동의
	I-2 협약	• 컨설턴트 선정 • 컨설팅 일정 및 방법 계획 • 컨설팅 내용, 일정 및 방법 협약
II. 실행 단계	II-1 진단	• 교사 능력 진단 • 수업 지도안 진단 • 수업 관찰과 분석을 통한 진단
	II-2 문제 해결 실행 계획 수립	• 문제 해결 방안 개발 • 문제 해결 전략 수립
	II-3 문제 해결	• 문제 해결 대안 실행
III. 평가 단계	III-1 컨설팅 평가	• 컨설팅 과정 평가 • 컨설팅 결과 평가
	III-2 피드백	• 컨설팅 전 과정에 평가 결과 피드백
	III-3 보고서 작성	• 컨설팅 보고서 작성

1) 준비 단계(Preparation Stage)

I. 준비 단계	I-1 첫 만남 I-2 사전 문제 확인 I-3 컨설팅 수행 계획 제안 I-4 협약

II. 실행 단계	II-1 진단 II-2 문제 해결 실행 계획 수립 II-3 문제 해결

III. 평가 단계	III-1 컨설팅 평가 III-2 피드백 III-3 보고서 작성

- 준비 단계는 의뢰인과 컨설턴트와의 만남이 이루어지고 예비 진단 과정을 통해 컨설팅 프로젝트의 수행 여부를 판단하고 협약을 체결하는 단계임
- 구체적으로 의뢰인과의 첫 만남, 사전 문제 확인, 업무 요구 사항 파악, 컨설팅 수행 계획 수립 및 제안, 제안서의 주요 내용 점검, 협약 체결, 계약서의 주요 내용 등을 점검하는 단계임
- 준비 단계에서는 컨설턴트와 의뢰인 상호 간의 신뢰 형성이 중요하며 의뢰인 조직 내의 문제와 프로젝트를 수행하는 목적에 대한 기초적인 탐색이 이루어져야 함
- 준비 단계에서의 주요 내용은 다음과 같음
  - I-1 첫 만남
  - I-2 사전 문제 확인
  - I-3 컨설팅 수행 계획 제안
  - I-4 협약

(1) 첫 만남(Initial Contact)

↘ 목적(Objectives)

의뢰인이 직면한 현안과 달성하고자 하는 목표에 대해 심층적인 정보 수집을 통해 문제를 파악하고 원인을 구명하고자 함

↘ 주요 내용(Contents)

- 의뢰인 조직에 대한 이해
- 의뢰 교사의 미술 교과 관련 전문성 및 수준 파악
- 컨설턴트 자신의 준비 상태
- 잠재적인 문제의 발견

↘ 절차 및 방법(Procedures & Methods)

- 의뢰인의 관심과 희망 사항 청취
- 표면화된 문제의 정리
- 문제점에 대한 현안 파악
- 컨설팅 방법론 검토
- 컨설턴트의 역할 점검
- 컨설팅 프로젝트 수행의 적절성 판단

↘ 유의 사항(Remarks)

- 의뢰인의 적극적인 참여와 발언을 유도하여야 함
- 의뢰인의 요구 사항이나 현안을 주의 깊게 청취하고 섣부른 대안의 제시나 판단은 지양함
- 과거 의뢰인에 대한 비밀을 철저히 보장하여야 함
- 컨설턴트의 책임과 역할에 대해 그 범위와 한계를 명확히 해야 함

〈준비 단계 I-1-1〉 만남을 위한 면담 기록 양식

<table>
<tr><td>면담 일시</td><td colspan="6">200 년 월 일 요일</td></tr>
<tr><td>면담 장소</td><td colspan="6"></td></tr>
<tr><td>면담 주제</td><td colspan="6"></td></tr>
<tr><td rowspan="3">참석자</td><td rowspan="2">내담자</td><td>성명</td><td>학교</td><td>연령</td><td>경력</td><td>연락전화</td></tr>
<tr><td></td><td></td><td></td><td></td><td></td></tr>
<tr><td>상담자</td><td colspan="5"></td></tr>
<tr><td colspan="7">면담 내용</td></tr>
<tr><td colspan="7">■ 의뢰인의 문제 상황 자기 기술 내용</td></tr>
<tr><td colspan="7">■ 상담자의 문제 상황 파악 내용</td></tr>
</table>

(2) 사전 문제 확인(Preliminary Analysis)

↘ **목적(Objectives)**

- 정확한 문제 해결 방안을 제시하기 위해서가 아니라 컨설팅 프로젝트의 계획을 수립하고 목적 및 문제를 규정하기 위함
- 주요 내용(Contents)
  - 자료를 제공받아 분석하고 면담이나 정보 제공자로부터 문제점을 확인함
  - 현장 조사를 통해 예비 진단 과정을 거친 후 그 결과에 따라 프로젝트에 적용할 방법을 결정함

－상세한 수준까지는 접근하지 않으며 의뢰인이 처해 있는 환경, 목표, 역량, 활동, 성취 정도 등의 총괄적인 측면을 강조하면서 분석과 문제 도출을 시도함

↘ 절차 및 방법(Procedures & Methods)

• 예비 문제 조사를 위한 자료 확보
• 의뢰인의 과거 · 현재 · 미래의 쟁점 파악
• 의뢰인의 강점 · 약점 파악
• 향후 의뢰인의 개선 사항과 기회 탐색
• 필요한 시행 방안과 제안 사항 도출

↘ 유의 사항(Remarks)

• 업무 현안에 대한 명확화가 필요함
• 컨설턴트와 의뢰인이 공동 작업하는 부분에 대한 명확화가 필요함
• 문제가 지나치게 일반적이거나 모호하게 표현되지 말아야 함
• 문제가 지나치게 광범위하거나 협의적이지 않아야 함
• 문제 재정립이 필요한 경우 새로운 틀을 제시하고 장단점에 대해 설명함

〈준비 단계 I-2〉 사전 문제 확인 양식

(의뢰인용)

<table>
<tr><td colspan="2">일 시</td><td colspan="5">200 년 월 일 요일 교시(시 분 - 시 분)</td></tr>
<tr><td colspan="2">교 과</td><td>미술</td><td>단원</td><td></td><td>차시</td><td></td></tr>
<tr><td colspan="2">수업 목표</td><td colspan="5"></td></tr>
<tr><td colspan="2">수업자</td><td colspan="2"></td><td>컨설턴트</td><td colspan="2"></td></tr>
<tr><td colspan="2">컨설팅 프로젝트의 목적</td><td colspan="5"></td></tr>
<tr><td colspan="2">해결하고자 하는 문제점</td><td colspan="5"></td></tr>
<tr><td rowspan="2">의뢰인의</td><td>강점</td><td colspan="5"></td></tr>
<tr><td>약점</td><td colspan="5"></td></tr>
<tr><td colspan="2">향후 의뢰인의 개선 사항</td><td colspan="5"></td></tr>
<tr><td colspan="2">필요한 시행 방안</td><td colspan="5"></td></tr>
<tr><td colspan="2">제안 사항</td><td colspan="5"></td></tr>
</table>

(3) 컨설팅 수행 계획 제안(Project Proposal)

↘ 목적(Objectives)

컨설팅 회사가 의뢰인과 협약하기 위한 프로젝트를 어떻게 수행할 것인지를 포괄적으로 정리하여 컨설팅 회사의 프로젝트 수행 능력, 비용 등을 제시하고 의뢰인으로 하여금 컨설팅의 제반 사항을 확실히 이해하도록 함

주요 내용(Contents)

- 사전 조사를 통해 파악된 내용과 현상을 바탕으로 향후의 방향을 제시함
- 문제 해결의 접근 방법론과 컨설팅 프로그램 등을 제시하고 제안 컨설팅 회사의 강점과 특성을 강조함
- 의뢰인 내부 조직의 특성, 운영 스타일, 문화적 특징을 기술함
- 컨설팅 회사의 프로젝트 수행 능력을 제시함
- 컨설팅 비용을 제시함
- 작업 단계별로 구체적인 일정 계획을 제시함
- 컨설팅에 참여하는 인력에 대한 이력 등을 제시함

절차 및 방법(Procedures & Methods)

- 의뢰인의 목적을 분석함
- 문제 분석
- 사실 발견
- 사실 분석과 종합
- 의뢰인에게 피드백

유의 사항(Remarks)

- 가시적인 효과를 제시함
- 주장과 이유가 타당하게 제시되어야 함
- 내용이 정확하게 제시되어야 함
- 문장이 읽기 쉬워야 하며 구성이 조직적이어야 함
- 프로젝트의 목적과 범위에 대해 명확히 기술함
- 제시된 방법으로 프로젝트를 수행할 경우 예상되는 문제점이나 위험 요소는 무엇인가를 사전에 예상하여 제시함

〈준비 단계 I-3〉 컨설팅 수행 계획 제안서

<table>
<tr><th>의뢰인</th><th colspan="3"></th><th colspan="2">의뢰한 날짜</th><th colspan="2"></th></tr>
<tr><td>1. 의뢰할 문제</td><td colspan="7"></td></tr>
<tr><td>2. 원하는 컨설팅 일자</td><td colspan="7"></td></tr>
<tr><td rowspan="2">3. 원하는 컨설턴트 조건</td><td colspan="2">성별</td><td colspan="5">직위</td></tr>
<tr><td>남</td><td>여</td><td>교사</td><td>전담 교사</td><td>교과전문교수</td><td>학교 관리자</td><td>기타</td></tr>
<tr><td>4. 소요 자원</td><td colspan="7"></td></tr>
<tr><td>5. 컨설팅 기법</td><td colspan="7"></td></tr>
<tr><td>6. 컨설팅 효과 제시</td><td colspan="7"></td></tr>
<tr><td>7. 컨설팅 비용</td><td colspan="7"></td></tr>
<tr><td rowspan="3">8. 구체적 컨설팅 일정</td><td colspan="2">컨설팅 시간</td><td colspan="5"></td></tr>
<tr><td colspan="2">컨설팅 방법</td><td colspan="5"></td></tr>
<tr><td colspan="2">컨설팅 횟수</td><td colspan="5"></td></tr>
</table>

(4) 협약(Contract)

↘ 목적(Objectives)

의뢰인과 컨설턴트가 현안 문제와 개선 방안에 대해 합의하고 공식적인 형식이나 상호 동의에 따라 여건에 적합한 형식을 취해 일을 진행하고자 함

주요 내용(Contents)

- 계약 주체
- 프로젝트의 범위
- 작업 단계별 일정
- 산출물
- 투입 인력
- 비용
- 외부 전문가의 이용 방안
- 책임 관계
- 프로젝트 비용 청구와 처리 절차
- 판권
- 분쟁 발생 시 중재 활동
- 손해 보상 관련 내용
- 서명 및 서명 일자

절차 및 방법(Procedures & Methods)

- 프로젝트의 규모와 성격이 복잡하지 않고 의뢰인이 컨설팅사의 제안에 대부분 동감하거나 상호 간에 두터운 신뢰감이 형성된 경우 구두 동의로 협약을 맺음
- 제안서의 일부 내용을 수정하여 동의하는 경우 동의 문건을 작성함
- 구체적인 항목에 기초하여 공식적인 절차에 따라 계약서를 작성하는 경우로 의뢰인이나 컨설팅사가 설정한 소정의 계약 절차를 따라 명문화된 계약서를 작성함

유의 사항(Remarks)

- 누가, 언제, 어디서, 무엇을, 어떻게, 왜에 대해서 차분히 점검을 할

필요가 있음

• 단순히 과거의 계약서를 참고하는 것은 여러 가지 여건이 다름으로 인해 생길 수 있는 조건 변동이 있을 수 있으므로 면밀한 검토가 필요함

〈준비 단계 I-4〉 협약을 위한 양식

다음의 협약 내용을 충분히 상의하시고 계약서를 작성하시기 바랍니다.

협약 사항	구체적 내용
선택 컨설턴트	
프로젝트의 범위	
투입 인력의 명단	
비용	
책임 관계	
판권	
분쟁 발생 시 중재 활동 주체	
손해 보상 관련 내용	
기타	

본 컨설팅 프로젝트의 성공을 위해 상호 간에 필요한 모든 지원과 노력을 아끼지 않을 것에 동의합니다.

200 . . .

의 뢰 인 (인)
컨설턴트 (인)

2) 실행 단계(Implementation Stage)

I. 준비 단계	I-1 첫 만남 I-2 사전 문제 확인 I-3 컨설팅 수행 계획 제안 I-4 협약

II. 실행 단계	II-1 진단 II-2 문제 해결 실행 계획 수립 II-3 문제 해결

III. 평가 단계	III-1 컨설팅 평가 III-2 피드백 III-3 보고서 작성

- 실행 단계는 진단 단계에서 분석된 문제점을 대상으로 해결안을 개발하는 단계로서, 대안을 도출하고 선택된 대안을 바탕으로 세부적인 실행 계획을 수립하여 구체적인 실행을 통해 문제점을 해결하는 단계임
- 실행 단계에서는 현상 분석, 문제의 진단과 해결 과정, 해결안 도출을 위한 접근 방법, 대안의 개발과 평가, 문제 해결을 위한 실행 계획 수립, 해결안 탐색을 위한 체크리스트 설정, 최적 대안의 실행 등의 하위 단계가 요구됨
- 실행 단계의 주요 내용은 다음과 같음
  - II-1 진단
  - II-2 문제 해결 실행 계획 수립
  - II-3 문제 해결

(1) 진단(Diagnosis)

↘ 목적(Objectives)

컨설팅 프로젝트의 목적을 달성하는 데 필요한 자료를 수집하고 분석하는 시기로 의뢰인이 직면한 문제와 원인에 대한 파악과 함께 진단 단계의 목적으로 설정하여 다양하게 수집된 자료를 바탕으로 창조적 사고와 시스템적 사고 기법을 활용한 통찰력 있는 분석 작업이 이루어지도록 함

↘ 주요 내용(Contents)

- 진단에 필요한 자료 수집
- 작업자의 태도와 성향의 관찰
- 설문 조사 및 면담 실시
- 추정
- 조직 구성원의 성향 파악
- 자료 분석
- 피드백

↘ 절차 및 방법(Procedures & Methods)

- 컨설팅 프로젝트가 추구하고자 하는 목적을 설정함
- 문제 자체의 본질과 특성을 규명함
- 문제의 원인을 규정하고 의미 있는 연관 관계를 파악함
- 자료를 수집하고 필요할 경우 설문이나 면담을 실시함
- 자료의 누락 여부와 자료 범위의 유효성 여부를 검증함
- 획득한 자료의 신뢰성과 자료들 간의 무결성을 검증함
- 의뢰인에게 그동안 진행된 수집 · 분석 결과를 바탕으로 신뢰성 있는 정보를 전달해 주는 피드백을 실시함

↘ 유의 사항(Remarks)

- 문제점의 증상을 파악하는 데 오류가 있을 수 있으므로 주의를 기울여야 함
- 문제의 원인에 대한 예측과 선입관이 있을 수 있으므로 조심하여야 함
- 너무 기술적 측면으로만 접근하는 것도 문제가 될 수 있음
- 개인에만 치우칠 경우 조직 전체적 관점에서의 접근이 미흡할 수 있음
- 문제 진단의 종결이 미흡할 수 있으므로 컨설턴트는 사전에 진단의 깊이와 폭을 적절히 설정하여야 함
- 핵심 목적의 명확화에 실패할 경우 최적의 해결안 도출에 실패할 수 있으므로 주의를 기울여야 함
- 피드백을 통해 컨설턴트는 자료의 수집 과정과 문제 파악 과정이 무의미하지 않았음을 보여 주고 의뢰인과 컨설턴트가 중요한 정보를 공유하게 되었음을 공감할 수 있어야 함

① 미술과 교사 능력 진단

↘ 목적(Objectives)

교사가 해당 교과의 교육과정과 각 내용에 대해 충분히 이해하고 있고, 지도 능력을 구비하고 있는지 진단하기 위함

↘ 주요 내용(Contents)

- 교사의 교과 내용에 대한 이해 진단
- 교사 수준의 교과 교육과정 재구성 능력 파악
- 교재 연구 및 개발 능력의 구비 여부 파악

↘ 절차 및 방법(Procedures & Methods)

- 의뢰인의 컨설팅 의뢰
- 면담, 관찰, 동료 평가, 자기 진단 등 다양한 방법을 통한 의뢰인의 수업 능력 진단

① 미술 교육과정의 목표와 성격, 내용, 교수 · 학습 방법, 평가를 이해하고 있는가? ② 미술 교육과정을 교사 수준에서 재구성할 수 있는가? ③ 미술의 각 영역 내용에 대한 지식을 알고 있는가? ④ 개념, 법칙, 이론 등의 이론적 지식과 관련된 용어를 적절히 활용하고 있는가? ⑤ 미술의 각 영역 내용에 대한 실기 지도 능력을 갖추고 있는가? ⑥ 학생들의 실기 능력을 정확히 평가하는가? ⑦ 학생들의 실기 능력에 적절한 피드백을 줄 수 있는가?

- 의뢰인의 수업 능력의 문제점 진단
- 문제점에 따른 현안 파악

↘ 유의 사항(Remarks)

- 의뢰인의 진솔한 표현을 위해 컨설턴트와 의뢰인의 래포 형성에 주력함
- 진단 과정에서 의뢰인의 자존감에 손상을 주지 않도록 함
- 되도록 자연 관찰을 통해 의뢰인의 수업 능력을 파악할 수 있도록 함
- 수업 능력의 진단을 위해 의뢰인이 자가 진단할 수 있는 체크리스트나 동료 자원을 확보하도록 함

〈실행 단계 II-1-1-1〉 교사 능력 진단을 위한 체크리스트

대영역	중영역	소영역(기준)	상	중	하	비고
교육관	교사의 교육관	• 자신의 교육관이 무엇인지 이야기할 수 있는가? • 자신의 교육관이 수업에 어떠한 영향을 끼치는지 이해하는가? • 자신의 교육관에 대한 학생의 반응과 요구 등을 이해하는가?				
교과에 대한 지식	교육 과정에 대한 지식	• 미술과 교육과정을 구성한 배경 철학과 추구하는 인간상에 대해 이해하는가? • 교육과정상의 미술과 교육의 목적과 목표를 아는가? • 초등학교 미술과 교육과정의 구성 원리를 알고 있는가? • 미술과의 교육과정 내용 체계에 대해 아는가? • 미술과 교육과정의 대안적 내용 체계에 대해 알고, 교육과정의 검토 또는 새로운 내용 체계 구성의 준거로 활용하는가? • 미술과 교육과정 학년별 내용에 대해 아는가? • 담당하고 있는 학년의 내용이 전·후 학년의 내용과 어떻게 상호 관련되는지 아는가?				
	교과 내용 지식	미술 교과에서 미적 체험, 표현, 감상 영역의 기본 개념과 내용을 바르게 이해하고 있나?				
	교수 방법에 대한 지식	• 미술과의 다양한 수업 모형이나 방법, 전략 등에 대해 아는가? • 다양한 수업 방법이나 모형의 특징, 장단점을 아는가? • 수업 목표, 학습 내용의 특징에 부합한 수업 방법이나 모형을 선택할 수 있는가?				

교과에 대한 지식	교수 방법에 대한 지식	• 수업 목표, 학습 내용의 특징 등에 부합하게 수업 전략을 세우고, 수업 모형이나 방법을 변형할 수 있는가? • 각 영역을 위한 수업 방법 및 전략을 차별화할 수 있는가? • 미술과의 미적 체험, 표현 영역과 감상 영역을 통합하여 교수할 수 있도록 수업 방법과 전략을 구사할 수 있는가? • 미술과의 각 영역을 통합적으로 교수할 수 있도록 수업 방법, 전략 등을 구안할 수 있는가?				
	평가에 대한 지식	• 미술과 수업 목표 달성 정도를 평가하기 위한 다양한 평가 방법에 대해 아는가? • 미술과 수업 평가에 적합한 평가 방법을 선정할 수 있는가? • 미술과 수업 평가에 적합한 평가 도구를 개발할 수 있는가? • 평가를 실시할 때 학생 평가를 위한 평가 체크리스트, 혹은 평가 기준을 제시할 수 있는가? • 평가 자료를 분석 및 해석하여 학생들의 발달 정도를 피드백할 수 있는가? • 평가한 내용을 수업 개선에 활용할 수 있는가?				
학생에 대한 지식	학생의 이해, 흥미, 경험 등에 대한 지식	• 학생과 학습 상황을 확인하여 학생의 흥미, 선지식, 선경험, 발달 단계, 인지상의 특징 등을 파악하는 데에 필요한 교육학의 일반적인 인지 발달 이론에 대해 아는가? • 미술 표현 발달 이론 및 미적 인식 발달 이론에 대해 이해하는가? • 미술 표현 발달 이론 및 미적 인식 발달 이론에 입각한 학생 수준에 맞는 미술과 수업을 계획할 수 있나?				

수업 구조화 능력	수업 설계 및 실행	• 수업 목표를 달성하기 위해 교재를 재구성 또는 교수 · 학습 자료를 개발하는 방법에 대해 알고 있는가? • 수업 목표를 달성하기 위해 주어진 단원 내용 구성에 대해 평가하고 보완해야 할 점을 찾을 수 있는가? • 주어진 교재를 보완, 또는 새로운 교수 · 학습 자료를 개발하기 위해 참고 자료를 찾고, 내용면에서 보완해야 할 점을 학생들의 선지식이나 선경험에 비추어 선정할 수 있는가? • 학생들의 인지 및 표현 능력 발달단계를 고려하여 교재를 구성할 수 있는가? • 수업에서 흥미 유발의 여러 가지 방법을 아는가?				
전문성 제고 노력	수업 반성 및 개선	자신의 수업에 대해 지속적으로 반성하고 노력하는 태도가 보이는가?				

② 수업 지도안 진단

목적(Objectives)

수업 지도안의 충실성, 적합성 여부를 판단하여 해당 단원(또는 차시)에 가장 적합한 수업 지침서를 제공하기 위함

주요 내용(Contents)

- 수업(차시)의 미술과 교육과정과의 연계 확인
- 수업(차시) 내용과 관련하여 교사의 교과 내용에 대한 정확한 지식 확인
- 수업(차시) 수업 목표, 수업 내용, 교수 · 학습 방법의 부합성 확인

- 수업 과정에서 사용한 교사의 문제 제시 방법, 혹은 설명 방식, 학습 안내 방식의 수업 목표, 교과 내용과의 부합성 검토
- 수업에 활용하는 교수 · 학습 자료의 내용상 적합성, 구성상 적합성, 사용 시점의 적절성 등 검토
- 학생 평가의 내용 요소, 평가의 관점, 평가 방법 등의 적합성을 수업 목표, 내용, 방법과 관련하여 검토

↘ 절차 및 방법(Procedures & Methods)

- 의뢰인의 수업 지도안 확보
- 교과 내용 이해의 적절성 파악
- 수업 대상과 수업 방법의 적합성 점검
- 수업 지도안의 적합성 파악
- 수업 지도안과 의뢰인과의 조화 파악

↘ 유의 사항(Remarks)

- 컨설턴트의 구체적인 피드백이 필요함
- 진단 내용이 의뢰인의 강점과 한계에 기초해야 함
- 진단의 범위가 지나치게 광범위하거나 협의적이지 않아야 함
- 수업 지도안 재작성 후 재진단 및 재 피드백이 반복될 수 있도록 함

〈실행 단계 II-1-2-1〉 수업 지도안 검토를 위한 체크리스트

대영역	중영역	소영역(기준)	상	중	하	비고
수업 지도안 형식	학습 목표	학습 목표(학습 과제)가 제시되고, 단원(차시) 안내가 제시되었는가?				
	수업 단계 구분	교사의 학생의 상호 작용의 구체적 상황 예시를 통해 수업을 위한 구체적인 안내 지침서 역할을 하는가?				
	학습 활동을 위한 안내	• 학생들의 활동을 위한 안내가 구체적으로 제시되었는가? • 학습 활동을 위한 지시나 발문이 제시되어 있는가?				
	교수 · 학습 자료	• 교수 · 학습 자료의 형태와 내용 또는 이미지가 제시되었는가? • 교사의 자료 투입 시기가 제시되었는가?				
교육 과정과 연계	미술과 교육과정의 구성 철학과 미술과가 추구하는 인간상에 대한 이해	미술과 교육과정을 구성한 배경 철학과 추구하는 인간상이 반영되었나?				
	미술과의 교육과정상 목표	교육과정상의 미술과 교육의 목적을 고려하여 목표를 제시하였는가?				
	미술과 교육과정 내용 체계	• 미술과의 교육과정 내용 체계를 고려하여 내용을 제시하는가? • 본 단원(차시) 수업 내용을 이전 단원(차시)이나 이후 단원(차시)과의 연계성을 고려하면서 제시하였는가?				

교과 내용 지식의 정확성	교과의 체계(구조)에 대한 정확한 지식	미술과의 체계, 구조, 요인, 방법 등 그 특성과 관련된 배경 지식이 적절하게 활용되었는가?			
	교과의 핵심 지식의 정확성	미술 교과에서 미적 체험, 표현 및 감상 영역의 기본 개념과 내용에 대해 알고 있는가?			
	교육내용의 위계와 범위 설정	미술과의 내용상 위계와 범위를 고려하면서 수업 내용을 선정하고 구성하였는가?			
교수·학습 방법의 적절성	학생의 학습 상황과 선지식, 선경험을 고려한 수업 전략	• 학생과 학습 상황을 확인하여 학생의 능력, 선지식, 선경험, 발달단계, 인지상의 특징 등을 파악하여 수업 전략을 구안하고, 교재를 개발하였는가? • 미술 표현 발달 이론 및 미적 인식 발달 이론에 대해 이해하는가? • 미술 표현 발달 이론 및 미적 인식 발달 이론에 입각한 학생 수준에 맞는 미술과 수업 전략을 구안하고 교재를 개발하였는가?			
	수업 목표 달성에 적합한 수업 전략	• 수업 목표, 학습 내용의 특징에 부합한 수업 방법이나 모형을 선택하였는가? • 수업 방법을 효과적으로 활용할 수 있도록 학생 활동을 구조화하였는가? • 수업 방법을 효과적으로 적용할 수 있도록 교재를 준비하였는가? • 수업 목표, 학습 내용의 특징 등에 부합하게 수업 전략을 세우고, 수업 모형이나 방법을 변형하였는가? • 감상 영역의 특징에 따라 수업 방법, 전략을 차별화하였는가?			

	• 각 영역을 통합적으로 교수할 수 있도록 수업 방법, 전략 등을 구안하였는가? • 영역별 차별화, 또는 영역 간 통합은 효과적으로 구안되었는가? • 학생들의 선지식, 선경험, 인지적 특징을 고려하여 과제를 부여하였는가? • 모둠 활동인 경우 모둠이 모둠원 간의 상호 의존성을 강화할 수 있도록 효과적으로 구성되었는가? • 모둠 활동이 효과적으로 이루어질 수 있도록 학생들에게 활동 안내를 하였는가? • 과제가 모둠 활동하기에 적합한 것인가?				
수업 목표 성취에 적합한 교재 재구성 및 교수 · 학습 자료	• 수업 목표를 달성하기 위해 교재를 재구성 또는 교수 · 학습 자료를 개발하였는가? • 미술과 내용 면과 교재 조직 면에서 수업 목표를 효과적으로 달성할 수 있게 교재가 구성되었는가? • 교재에 제시된 교과 내용은 정확한가? • 교재에서 유도하는 학습 방법은 미술과 수업 목표를 달성하는 데 효과적인가? • 학생들의 선지식이나 선경험에 비추어 주어진 교재를 보완, 또는 새로운 교수 · 학습 자료를 개발하였는가?				
평가 방법과 요소 및 도구의 적절성 검토	• 평가 영역에 적합한 평가 방법을 선정하였는가? • 수업 목표의 달성 정도를 평가하는 적절한 평가 방법, 전략을 선택하였는가?				

			• 학생들에게 평가 영역, 혹은 평가의 관점을 적절하게 제시하였는가? • 평가한 내용을 수업 개선에 활용하였는가?				

③ 수업 관찰과 분석을 통한 진단

↘ 목적(Objectives)

수업의 과정이나 요소보다는 수업 전반에 대한 관찰과 종합적인 분석을 통해 의뢰인의 문제점을 진단하기 위함

↘ 주요 내용(Contents)

- 전체 수업 조직의 적합성 진단
- 수업 목표와 수업 내용 구성의 조화 파악
- 물리적 환경과 수업의 적합성 파악
- 적절한 수업 기법의 사용 여부 파악

↘ 절차 및 방법(Procedures & Methods)

- 사전 컨설팅 자료의 파악
- 수업의 관찰
- 참여 관찰과 비참여 관찰
  - 비참여 관찰(non-participant observation): 연구자가 가능한 한 노출되지 않는 방법으로 모든 관련 정보를 기록하는 방법
  - 참여 관찰(participant observation): 연구자 자신이 직접 관찰 대상이 되는 행위에 참여하여 관찰하는 것을 말함. 여기에서 연구자는 상황에 직접 참가하는 역할과 상황에서 약간 벗어나 관찰하는 역할을 이중적으로 수행함

- 참여 관찰의 단계
  - 서술 관찰(descriptive observation): 연구 초기에 연구하고자 하는 문화에 대해 지식이 거의 없을 때 연구 가능한 문제를 인식하기 위해 하는 관찰이다. 특정한 질문을 염두에 두지 않고, "여기에서 무슨 일이 벌어지는가?"와 같은 일반적인 의문만을 가진다. 이에 따라서, 자신이 간 곳, 자신의 행동, 본 것, 들은 것, 느낌 등을 모두 기술한다. 다시 말해서 관찰 대상이 되는 사회적 상황을 가능한 한 많이 기록하려는 것으로 폭은 넓으나 표면적이다.
  - 집중 관찰(focused observation): 서술 관찰보다 자세하게 관찰하기 위한 방법으로 서술 관찰 이후에 이루어지는 영역 분석 결과에 따라 중요한 것으로 판단된 영역에 대하여 선별적으로 관찰한다. 연구의 초점을 하나 또는 몇 개의 연관된 문화적 영역들에 맞춘다. 이때 선정 기준은 ① 연구자 개인의 관심 ② 현장 구성원의 제안 ③ 이론적 관심 ④ 사회의 요구에 대한 봉사 가능성 중에서 한 가지 또는 두 가지 이상의 조합이 될 수 있다.
  - 선별 관찰(selective observation): 집중 관찰보다 훨씬 더 연구의 초점을 좁힌 관찰이다. 이 단계에서는 집중 관찰의 결과로 찾아낸 특정 영역에 속한 범주들 간의 차이를 찾아내는 작업을 한다.
- 관찰 내용에 대한 분석: 수업 관찰 내용은 분석 대상 또는 분석 자료라고 볼 수 있다. 일반적으로 자료 분석의 방법은 양적 분석과 질적 분석으로 대별될 수 있는데, 수업 분석의 경우 질적 분석이 적합함
- 문제점 진단
- 문제점에 따른 현안 파악

↘ 유의 사항(Remarks)

- 자연스러운 수업 분위기가 조성될 수 있는 방법을 택하도록 함

• 관찰로 인해 학생들이 동요하지 않도록 함
• 녹음 또는 녹화 기자재의 사용에 유의함
• 수업 관찰 또는 분석 시 의뢰인과 학생에 대한 추후 질문의 가능성을 열어놓도록 함

〈실행 단계 II-1-3-1〉 수업 관찰 기록지

수업 관찰 기록지

장소: 일시: 교사:
공식적 수업 시작 시간: 실제 수업 시작 시간:

시간	수업 내용 기술	해석 및 분석
	• 수업 상황을 관찰하면서 순서대로 기록한다. 되도록 주관적인 해석이나 판단은 옆의 해석 및 분석 칸에 구분하여 적는다. • 수업 대화에서 실제 사용한 단어를 그대로 적는다. • [ ]를 사용하여 행동을 기록한다.	• 옆의 상황에 대한 관찰자의 느낌이나 해석을 적는다. • 보충 설명, 더 조사할 내용 등을 기술한다.

〈실행 단계 II-1-3-2〉 미술 수업 관찰을 위한 체크리스트

대영역	중영역	소영역(기준)	상	중	하	비고
교육 과정과 연계성	미술과 교육과정의 구성 철학과 미술과가 추구하는 인간상에 대한 이해	미술과 교육과정을 구성한 배경 철학과 추구하는 인간상을 추구하고 있는가?				
	미술과의 교육과정상 목표	교육과정상의 미술과 교육의 목적을 고려하여 수업을 하고 있는가?				
	미술과 교육과정 내용 체계	• 미술과의 교육과정 내용 체계를 고려하여 내용을 제시하는가? • 본 단원(차시) 수업 내용을 이전 단원(차시)이나 이후 단원(차시)과의 연계성을 고려하면서 제시하였는가?				
교과 내용 지식의 정확성	교과의 체계(구조)에 대한 정확한 지식	미술과의 체계, 구조, 요인, 방법 등 그 특성과 관련된 배경 지식이 적절하게 활용되었는가?				
	교과의 핵심 지식의 정확성	• 관련 단원의 기본 개념과 내용에 대해 알고 있는가? • 관련 단원의 지식이 정확한가? • 관련 단원의 개념이나 내용을 가르치는 방법, 또는 사고력 향상을 유도하는 발문이 정확한가?				
	교육 내용의 위계와 범위 설정	미술과의 내용상 위계와 범위를 고려하면서 수업 내용을 선정하고 구성하였는가?				
교수 · 학습 방법의 적절성	학생의 학습 상황과 선지식, 선경험을 고려한 수업 전략	• 학생과 학습 상황을 확인하고 학생의 미적 인식 및 미술표현 능력 발달 정도를 고려하여 수업 전략을 실행하였는가? • 미적 인식 발달 이론 및 미술표현 능력 발달 이론에 입각한 학생 수준에 맞는 미술과 수업 전략을 계획하고 실행하였는가?				

	수업 목표 달성에 적합한 수업 전략	• 수업 목표, 학습 내용의 특징에 부합한 수업 방법이나 모형을 선택하여 실행하였는가? • 수업 방법을 효과적으로 활용할 수 있도록 학생 활동을 구조화하였는가? • 수업 방법을 효과적으로 적용할 수 있도록 교재를 준비하였는가? • 수업 목표, 학습 내용의 특징 등에 부합하게 수업 전략을 세우고, 수업 모형이나 방법을 변형하여 실행하였는가? • 관련 단원의 특징에 따라 수업 방법, 전략을 차별화하였는가? • 표현 영역 또는 감상 영역을 통합적으로 교수할 수 있도록 수업 방법, 전략 등을 구안하였는가? • 영역별 차별화, 또는 영역 간 통합은 효과적으로 구안되었는가? • 학생들의 선지식, 선경험, 인지적 특징을 고려하여 과제를 부여하였는가? • 관련 단원의 활동을 위해 상황 설정이 적합했나? • 모둠 활동인 경우 모둠이 모둠원 간의 상호 의존성을 강화할 수 있도록 효과적으로 구성되었는가? • 모둠 활동이 효과적으로 이루어질 수 있도록 학생들에게 활동 안내를 하였는가? • 과제가 모둠 활동하기에 적합한 것인가? • 수업 도입은 학생들의 학습 의욕을 고취시킬 수 있는 방식으로 제시되었는가? • 학생과 교사 사이의 상호 작용 과정에서 나타난 문제가 있었는가?			

		• 학생 활동 안내, 학생들의 활동 과정에서 문제가 있었는가?				
	수업 목표 성취에 적합한 교재 재구성 및 교수 · 학습 자료	• 수업 목표를 달성하기 위해 교재를 재구성 또는 교수 · 학습 자료를 개발하였는가? • 교재를 적절한 시기에 투입하고 활용하였는가? • 교재 활용방안을 학생들이 이해하도록 안내하였는가?				
	평가 방법과 요소 및 도구의 적절성 검토	• 학생들에게 평가 영역, 혹은 평가의 관점을 적절하게 제시하였는가? • 평가한 내용을 수업 개선에 활용하였는가?				
수업의 구조적 측면		• 수업 지도안의 계획에 따라 수업이 진행되는가? • 수업 지도안을 통해 예측하지 못한 상황에 대해 유연하게 대처하는가? • 예상하지 못한 학생들의 질문이나 반응을 유연하게 대처하는가? • 교실의 수업 환경을 수업 목표에 맞게 적절히 변형, 활용하였는가? • 수업의 구조에서 드러난 가장 큰 문제는 무엇인가? • 의사소통 구조, 수업 준비 및 실행 단계에서 드러난 가장 큰 문제는 무엇인가?				
종합적 문제 진단		• 수업이 교사가 의도한 대로 진행되었는가? • 수업에서 가장 크게 드러나는 문제는 무엇인가? • 문제의 원인은 무엇인가? (교사의 능력, 지식, 교사의 수업 기술, 학습 자료, 수업 환경, 학생 통솔 방법……)				

(2) 문제 해결 실행 계획 수립(Implementation Planning)

↘ 목적(Objectives)

진단 단계에서 분석된 문제점을 대상으로 해결안을 개발하는 단계로 대안을 도출하고 선택된 대안을 바탕으로 세부적인 실행 계획을 수립함

↘ 주요 내용(Contents)

- 진단을 기반으로 해결안의 탐색
- 대안의 도출 및 구체화
- 대안의 평가 및 선택
- 결정된 대안의 권고
- 작업 계획 수립

↘ 절차 및 방법(Procedures & Methods)

- 예비 진단 과정과 진단 단계를 거쳐 도출된 문제점을 탐색함
- 문제의 본질과 기술적 특징, 문제의 복잡성 등의 분석을 통해 해결안을 도출함
- 가능한 한 많은 대안을 도출하여 적절한 해결안을 완성하려 노력함
- 문제 유형을 인식하고 벤치마킹, 브레인스토밍, 스캠퍼, 델파이 기법 등을 통해 많은 대안을 도출하고 구체화함
- 현상 분석을 통해 아이디어를 도출하고 대안을 구체화하면 이에 대한 평가가 이루어져야 하는데 이는 크게 경제성 평가와 운영적인 면, 기술적인 면, 법적인 면, 계획의 타당한 면 등에 대한 타당성 평가로 이루어짐
- 작업 계획을 수립하기 위해 실행 프로젝트의 범위를 정의하고 수행할 작업 단위, 작업 단위를 완성할 수 있는 기술 수준을 정의함

- 작업 단위를 완수할 수 있는 필요 시간을 산정하고 이정표를 설정함
- 작업 계획의 상세 내용을 개발하고 이에 대한 검토와 검증을 거침
- 필요한 프로젝트의 인력을 산정하여 적재적소에 배치함

↘ 유의 사항(Remarks)

- 진단 단계와의 연속성이 중요하며 분석적인 접근 방법보다는 혁신과 창의성에 기초한 접근 방법이 필요함
- 지속적인 자가 진단이 필요하며 가능한 많은 대안 속에서 매우 구체적인 해결안을 완성하여야 함
- 가능한 한 기술적, 인력적, 재정적, 환경적 요인을 모두 면밀히 검토하여 반영하고 이에 대한 지속적인 관심과 대처 방안 마련이 필요함

(3) 문제 해결(Settlement)

↘ 목적(Objectives)

컨설팅 수행 과정을 통해 발견한 문제를 심층적으로 분석하고 이를 통해 원인에 대한 타당한 대안을 선정하여 실제 실행함

↘ 주요 내용(Contents)

- 최상의 방법 제시
- 성공 사례 소개
- 익숙한 것부터 적용
- 일정 간격을 유지하여 적용
- 시험적으로 적용
- 중간 성과의 공유

↘ 절차 및 방법(Procedures & Methods)

- 발생할 수 있는 모든 오류에 대한 대처 방법과 내 · 외부적인 통제 절차를 설정함
- 관리 활동을 수행할 수 있는 조직을 만들어 운영함
- 프로젝트의 매 단계별로 보고 작업과 토론 과정을 거쳐 정해진 일정대로 수행되고 있는지, 정해진 비용으로 운영되고 있는지, 관리, 통제는 잘 이루어지고 있는지 등의 정보와 필요한 경우 프로젝트 계획을 수정 · 보완함
- 실행안의 적용 현황 및 성과를 지속적으로 관찰하고 성과를 측정함

↘ 유의 사항(Remarks)

- 실행 과정에서는 예기치 않은 변수가 일어날 가능성이 있으므로 계획이 제대로 수행되고 있는지, 예상 일정과 비용이 원활하게 돌아가고 있는지 등을 지속적으로 검토하고 보완하여야 함
- 면밀한 계획하에 수행되기는 하지만 항상 계획, 실행, 평가라는 순환 구조 속에서 컨설팅 작업을 수행하여 지속적인 발전이 이루어질 수 있도록 함

3) 평가 단계(Evaluation Stage)

I. 준비 단계	I-1 첫 만남 I-2 사전 문제 확인 I-3 컨설팅 수행 계획 제안 I-4 협약

II. 실행 단계	II-1 진단 II-2 문제 해결 실행 계획 수립 II-3 문제 해결

III. 평가 단계	III-1 컨설팅 평가 III-2 피드백 III-3 보고서 작성

- 평가 단계는 컨설팅의 마지막 과정으로서 수업 실행 후 분석 및 과제 해결에 대한 평가, 학생과 교사의 피드백, 최종 보고서 작업이 이루어지는 단계임
- 평가 단계에서는 미술 수업에 적합한 평가 방법을 사용하여 평가를 실시하며, 이를 최종 보고서에 반영하도록 함
- 평가 단계의 주요 내용은 총 3단계로 나눌 수 있으며, 전체 내용은 다음과 같음
  - Ⅲ-1 평가: 미술 수업 컨설팅 과제 해결에 대한 상호 평가가 이루어지는 단계
  - Ⅲ-2 피드백: 미술 수업 컨설팅 전 과정에 평가 결과 피드백 및 차후 이루어질 컨설팅 계획에 대한 협의가 이루어지는 단계
  - Ⅲ-3 보고서 작성: 미술 수업 컨설팅을 최종 종료하고 전체 과정과 결과를 대상으로 '미술 수업 컨설팅 보고서'를 작성하는 단계

(1) 컨설팅 평가

↘ 주요 내용

- 평가자 선정
- 평가 대상
- 평가 항목
- 평가 도구
- 평가 시기
- 평가 기준

↘ 절차 및 방법

- 평가 대상은 의뢰인과 컨설턴트 양자가 됨
- 평가 항목은 컨설팅이 의뢰인에게 미친 영향, 컨설턴트의 역할, 기술과 컨설팅 장학 과정 자체(적절한 진단, 적절한 정보 제공, 적절한 대안 제시 등)를 중심으로 함
- 평가 도구는 인터뷰를 비롯하여 설문지, 토론, 관찰 등의 다양한 방법을 사용함
- 평가 시기는 과정 흐름에 따라 매 단계 완료 시점에서 시작할 수도 있고, 최종 완료 시점에서도 실시할 수 있음
- 평가 기준은 초기 평가에서는 의뢰인의 만족도 등이 기준이 될 수 있으나 미술 수업 컨설팅 사례가 축적되면 자체 기준을 설정하여 실시함

↘ 유의 사항

- 본 단계는 수업 컨설팅의 목표와 결과 간의 부합 정도를 파악할 수 있을 뿐만 아니라 컨설턴트, 의뢰인의 긍정적인 학습 효과를 기대할 수 있는 매우 중요한 단계이므로 반드시 실시하여야 함

〈평가 단계 Ⅲ-1〉 컨설팅 전체 과정 평가 양식

컨설팅 전체 과정 평가 양식

<table>
<tr><td>평가자</td><td colspan="6"></td></tr>
<tr><th>평정 내용</th><th colspan="6">평 정</th></tr>
<tr><td>컨설팅 프로젝트에 대한 만족</td><td>① 아주 만족</td><td>② 다소 만족</td><td>③ 보통</td><td colspan="2">④ 다소 불만</td><td>⑤ 매우 불만</td></tr>
<tr><td>컨설턴트(또는 의뢰인)의 역량</td><td>① 아주 우수</td><td>② 우수</td><td>③ 보통</td><td colspan="2">④ 다소 부족</td><td>⑤ 매우 부족</td></tr>
<tr><td>기존 수업과 변화된 수업의 관계</td><td>① 많은 긍정 변화</td><td>② 약간 긍정 변화</td><td>③ 변화 없음</td><td colspan="2">④ 부정적</td><td>⑤ 매우 부정적</td></tr>
<tr><td>컨설팅 프로세스에 대한 평가</td><td>① 아주 만족</td><td>② 다소 만족</td><td>③ 보통</td><td colspan="2">④ 다소 불만</td><td>⑤ 아주 불만</td></tr>
<tr><td>컨설팅 과정에 대해 컨설턴트(또는 의뢰인)에게 하고 싶은 말</td><td colspan="6"></td></tr>
<tr><td rowspan="7">컨설팅 세부 과정에 대한 평가</td><td colspan="3">만남</td><td>① 좋음</td><td>② 보통</td><td>③ 안 좋음</td></tr>
<tr><td colspan="3">사전 문제 확인</td><td>① 좋음</td><td>② 보통</td><td>③ 안 좋음</td></tr>
<tr><td colspan="3">컨설팅 수행 계획 제안</td><td>① 좋음</td><td>② 보통</td><td>③ 안 좋음</td></tr>
<tr><td colspan="3">협약</td><td>① 좋음</td><td>② 보통</td><td>③ 안 좋음</td></tr>
<tr><td colspan="3">진단</td><td>① 좋음</td><td>② 보통</td><td>③ 안 좋음</td></tr>
<tr><td colspan="3">문제 해결 실행 계획 수립</td><td>① 좋음</td><td>② 보통</td><td>③ 안 좋음</td></tr>
<tr><td colspan="3">문제 해결</td><td>① 좋음</td><td>② 보통</td><td>③ 안 좋음</td></tr>
<tr><td>컨설팅 과정에 대한 총평</td><td colspan="6"></td></tr>
</table>

〈평가 단계 III-1-2〉 컨설팅 결과에 대한 의뢰자의 평가 양식

컨설팅을 통해 다음 항목들에 어느 정도의 도움을 받았다고 생각합니까?

				아주 많음	많음	보통	적음	전혀 아님
수업 컨설팅의 내용	계획	교사 능력	• 교과 내용에 대한 이해 • 교사 수준의 교과 교육과정 재구성 능력 • 교재 연구 및 개발 능력 • 수업 기술 개선 능력					
		수업 계획	• 수업 계획 설정 • 수업 지도안 작성 • 적절한 수업 조직 • 선수-후속 학습과의 적절한 연계					
		환경 점검	• 수업 기자재 구비 • 필요 자료의 점검 • 필요 자료의 출처에 대한 지식					
	실행	진단	• 진단 평가 실시 • 선수 학습 결손 보충					
		지도	• 수업 목표 확인 • 학습 동기유발 • 최신 수업 이론 및 기법 사용 • 학생과의 대화 기술(발문) 사용 • 수업 중 학생 지도 • 교단 선진화 기자재 활용 • 적절한 교수 · 학습 방법의 활용 • 적절한 교수 모형 선정 및 활용					
		발전	• 요약 및 정리 방법의 숙지 • 수업 목표의 달성 여부 확인 • 적절한 교과별 수행/형성 평가 기법 • 해당 수업에 대한 심화 또는 보충수업 실시 • 전이 및 일반화					
	평가	평가 방법	• 적절한 평가 방법의 사용 • 각 교과(또는 단원)에 적합한 평가 문항 작성 • 적절한 평가 장면의 사용 • 검사(또는 평가)이론의 숙지					
		학생 피드백	• 총괄 평가 결과의 활용 • 학생에 대한 피드백 • 해당 단원(또는 교과) 심화 또는 보충수업					
		교사 피드백	• 수업 과정에 대한 평가 • 수업 과정에 대한 피드백 • 수업 개선 여부					

〈평가 단계 III-1-3〉 컨설팅 과정 평가 양식

단계	평가 요소	평정점				
		5	4	3	2	1
수업 준비	1. 교재 연구를 충실히 할 수 있도록 도와주었는가? 2. 수업 준비를 철저히 할 수 있도록 도와주었는가? 3. 수업 시간에 사용할 준비물을 준비할 수 있도록 하였는가? 4. 수업 중 사용하는 교수 용어와 진행 방법에 대한 의견을 충분히 교환하였는가?					
교수 학습	5. 학습자의 특성을 고려한 개별화 지도 활동이 이루어졌는가? 6. 준비된 학습 자료의 활용이 잘 이루어졌는가? 7. 학생들 스스로가 자기 주도적 학습 활동을 충실히 하도록 지도하였는가? 8. 교수 · 학습 단계와 학습 목표에 알맞은 수업을 진행하였는가?					
정리 및 평가	9. 학생들의 수업 성과를 정확히 확인할 수 있도록 평가가 이루어졌는가? 10. 교과와 학습 목표에 맞는 평가가 이루어지도록 수업 컨설팅이 이루어졌는가? 11. 평가에 따른 결과에 맞게 개별화 지도가 이루어졌는가?					
종합 의견	12. 수업자의 교수 활동을 충실히 도울 수 있도록 컨설팅이 이루어졌는가?					
계						
기 타						

〈평가 단계 III-1-4〉 컨설팅에 대한 학생용 평가 설문지 양식

(학생용)

1) 본 수업에 대해서 전반적으로 어떻게 생각합니까?

매우 좋았다	좋았다	좋지 않았다	매우 좋지 않았다

2) 본 수업의 학습 목표를 얼마나 이해하였다고 생각합니까?

매우 잘 이해하였다	잘 이해하였다	그저 그렇다	잘 이해하지 못했다

3) 이번 수업에서 사용한 학습 자료는 학습 활동에 얼마나 도움을 주었나요?

매우 도움을 줌	어느 정도 도움을 줌	별로 도움을 주지 못함	전혀 도움을 주지 못함

4) 이번 수업 활동에서 본인은 스스로 여러 단계의 학습 과정에 잘 참여하였나요?

전혀 그렇지 않다	그렇지 않다	그렇다	매우 그렇다

5) 이번 수업 활동에서 다른 친구들은 어떻게 참여하였다고 생각하나요?

전혀 참여하지 않음	약간 참여함	잘 참여함	매우 잘 참여함

6) 그 밖에 이번 수업에 대한 느낌과 성과를 다음 란에 자유롭게 기록하시오.

종합 의견:

〈평가 단계 III-1-5〉 컨설팅에 대한 의뢰자 자기평가 양식

평가 항목	매우 좋다	좋다	보통이다	부족하다	매우 부족하다
1. 수업 컨설턴트의 전문적 소양 능력 구비 정도					
2. 수업 컨설턴트의 컨설팅 준비 정도					
3. 컨설팅을 통한 수업 개선 정도					
4. 컨설턴트와 수업자의 협의와 의견 교환 정도					
5. 컨설팅 실시 결과의 피드백 정도					
총 계					

기타 의견	

(2) 피드백

↘ 주요 내용

- 컨설팅 전 과정에 평가 결과 피드백
- 차후 컨설팅 계획을 위한 협의

↘ 절차 및 방법

- 컨설팅 전 과정에 대한 평가 내용을 공유함
- 실행한 수업 컨설팅 추진 방향의 타당성을 검증함
- 실행한 수업 컨설팅의 기법과 문제 해결 방법에서의 문제점을 토론함
- 토론을 통해 얻은 문제점의 대안을 찾음

↘ 유의 사항

- 피드백 단계를 통해 차후 이루어지는 수업 컨설팅 발전적인 방향을 시사 받도록 한다.

〈평가 단계 III-2-1〉 컨설팅 과정에 대한 피드백 양식

의뢰인의 태도	
컨설팅 과정에서의 애로점	
컨설팅 추진 방향의 타당성	
평가결과의 전달방식	
피드백할 내용(평가 결과)	
이후 프로젝트에서의 추진 활동	

(3) 보고서 작성

↘ 주요 내용

- 수업 컨설팅 결과 보고서 작성
- 수업 컨설팅 효과 검증
- 의뢰인의 자기 평가와 컨설턴트의 주관적인 평가
- 미술 수업 컨설팅을 위한 선행 사례 발표로 활용

↘ 절차 및 방법

- 과정의 진행 단계별로 완성하여 작성함
- 전체 작업 종료 후 일괄적으로 정리함
- 미술 수업 컨설팅을 위한 선행 사례집으로 발간, 배부함
- 미술 수업 컨설팅 사례 발표회 개최, 미술 수업 컨설팅을 위한 인터넷 사이트를 개발하여 홍보 활용함

↘ 유의 사항

- 보고서에서는 최종 보고 내용을 비롯한 미술 수업 컨설팅에 활용할 수 있는 여러 가지 컨설팅 양식(동의서, 상담 기록 일지, 협의록, 수업 관찰지, 자기 수업 분석표, 수업 분석지 등)을 다양하게 제공하여 차후 미술수업 컨설팅 과정에 적극 활용할 수 있도록 구성함

3. 미술과 수업 컨설팅을 위한 진단

미술과 수업 컨설팅이 수업 개선에 실질적 방안을 제시하기 위해서는 미술과 수업과 이에 대한 이해가 그 중심에 있어야 한다. 다른 교과에 비해 미술과 교과 수업 컨설팅에 대한 체계적인 연구와 관심이 부족할 뿐

만 아니라 미술과 수업 컨설팅에서 어떠한 요소들을 관찰하고 평가할 것인가에 대한 검토가 아직은 미흡한 편이다.

미술적 지식을 학습자가 구성하도록 하기 위해 교사는 미술과 수업에서 학습이 일어나도록 계획을 세우고 적합한 학습 환경을 제공해야 한다. 또한 미술과 교육 목표를 성취할 수 있는 학습 내용을 선정하고, 교육 환경 등을 고려하여 학생의 흥미와 자율성, 창의성 등이 존중되도록 미술 교과 특성에 적합한 교수 · 학습 방법을 적용해야 한다. 이런 여러 가지 복합적인 요소를 고려해서 수업 설계를 할 때 교사들의 고민을 해결해 줄 수 있는 수업 컨설팅이 이루어져야 하기 때문에 교사들의 미술과 수업 컨설팅에 대한 의식 조사를 실시했으며 조사 결과에 따라 교사들이 가장 어렵다고 생각하는 미적 체험, 감상 관련 수업에 대한 수업 컨설팅을 위해 교사들과의 면담을 통해 문제를 진단했다.

1) 미술과 수업 컨설팅에 대한 교사들의 인식

교사들의 미술과 수업 컨설팅에 대한 인식을 알아보고 미술과 수업 개선을 위한 컨설팅 요소를 추출하기 위해 교사 45명의 대상으로 조사한 질문지 분석 결과는 다음과 같았다.

↘ 제1문항, "수업 컨설팅의 의미는 무엇이라고 생각합니까?"라는 질문에 대해 다음과 같이 답했다.

"수업 컨설팅이란 수업 전반에 대한 개선을 위한 것이다."라고 생각하는 교사들이 가장 많았다. "수업 설계를 위한 지도와 조언 과정"이라고 답한 교사가 10명으로 가장 많았으며 "수업 장학보다 넓은 의미에서 수업의 질적 향상을 위하여 수업에 대한 조언을 해 주는 것"이라고 답한 교사가 8명, "수업 장학과 같다."라고 생각한 교사가 4명, "수업 전반에 대한 분석과 상호 장학의 기회다."라고 답한 교사가 1명이었다. 일부 교사들은 수업 컨설팅이 곧 "수업 방법에 대한 지도" 또는 "공유"라고 답했으며 수업 컨설팅에 대해 답하지 않은 교사들도 10명이었다. 이러한 분석 결과는 조사 대상 교사들의 50% 정도만이 수업 컨설팅에 대해 부분적으로 알고 있으며 약 50%의 교사들은 수업 컨설팅이란 용어를 잘못 이해하고 있거나 모르고 있다는 사실을 말해 준다.

↘ 제2문항, "미술과 수업 장학을 받으신 경험이 있습니까?"라는 질문과 수업 장학 담당자, 장학 내용, 장학 효과에 대한 교사들의 반응은 다음과 같다.

수업 장학을 받은 적이 있다고 답한 교사가 29명으로 없다고 답한 교사 16명보다 많았다. 일반적으로 수업 장학은 주로 장학사와 학교 내부 구성원들에 의해 이루어지고 있음을 알 수 있었다. 수업 장학을 한 사람은 누구냐는 질문에 대해 장학사(13명)가 가장 많았으며 다음으로 동료 교사(7명), 교장과 교감(4명), 교장과 교감 그리고 동료 교사(4명), 외부 강사(1명) 등이었다. 수업 장학을 받은 내용 중에 수업의 내용적, 방법적 측면과 수업 과정의 개선, 교수 · 학습 자료의 활용에 대한 내용은 불과 15명의 교사가 답했다. 장학의 효과에 대해서는 수업 방법 개선 및 수업에 대한 재구성 및 반성의 기회가 된다는 의견이 총 10명으로 가장 많았다. 그러나 "잘 모르겠음"으로 응답한 교사가 9명이었으며 기타 의견으로 "정확하고 생생한 지식의 전달" "자신감 상승의 기회" "새로운 수업모형개발을 위한 기회" "교육과정에서 요구하는 내용 실행" 등이 있었다.

↘ 제3문항, "최근 수업 컨설팅에 대한 요구와 실천이 높아지고 있는데 미술과 수업 컨설팅을 받으신 경험이 있습니까?"에 대한 질문에 교사들의 반응은 다음과 같았다.

미술과 수업 장학을 받은 경험이 있다고 답한 교사가 11명인 반면 미술과 수업 컨설팅 받은 경험이 있다고 답한 교사가 5명인 것으로 미루어 소수의 교사들이 수업 장학과 수업 컨설팅을 구분하고 있음을 알 수 있다. 미술과 수업 컨설팅 담당자는 교수(3명), 동료 교사(1명), 미술 전공 교사(1명)이었으며 미술과 수업 컨설팅 내용은 미술과 수업 계획(1명), 수업 방법(1명), 서예와 판화(1명), 전통 미술(1명), 새로운 기법과 재료(1명) 등이었다. 또한 미술과 수업 컨설팅의 효과에 대해서는 미술과 수업에 대한 관심 확대, 교재 연구, 일방적인 평가에 대한 두려움 극복, 시행착오를 줄일 수 있는 정보 공유, 교사 능력의 신장 등이라고 응답했다.

↘ 제4문항, "미술과 교육 내용 중 가장 어렵다고 느끼는 내용과 컨설팅을 가장 받고 싶은 분야"에 대해 교사들은 다음과 같이 응답하였다.

미술과 수업 내용 중 가장 어렵다고 느끼는 내용은 미적 체험(19명)과 미술 감상(10명) 등이 가장 많았으며, 컨설팅을 받고 싶은 내용도 미적 체험(19명), 미술 감상(17명)으로 회화, 조소, 서예, 디자인 등과 같은 표현 활동 관련 내용에 비해 상당히 높았다.

↘ 제5문항, "미술과 수업과 관련하여 컨설팅을 가장 받고 싶은 요소와 컨설팅을 할 수 있는 적격자"에 대해서는 다음과 같이 응답했다.

미술과 수업 아이디어에 대한 컨설팅이 필요하다는 응답이 가장 많았으며(28명), 교수법에 대한 컨설팅(12명), 교수 · 학습 자료 개발에 대한 컨설팅(4명)이 필요하다고 응답했다. 컨설팅 적격자에 대해서는 미술교육 전공 교수(19명), 미술과 전담 교사(14명), 동료 교사(12명), 장학사(2명), 교장 및 교감(0명) 등으로 응답했는데 이러한 결과는 교사들은 지금까지 수업 장학을 해 오던 장학사와 교장을 수업 컨설팅의 적격자라고 생각하고 있지 않음을 말해 준다.

↘ 제6문항, "미술과 수업 컨설팅 시기"에 대한 질문에 대해 다음과 같이 응답했다.

수업 계획 시(31명), 수업 진행 후(10명), 수업 진행 시(5명), 기타(3명), 무응답(1명) 순으로 답하였으며 기타의 의견은 "계획과 수업 이후 지속적인 수업 컨설팅"이었다. 이는 미술과 수업 컨설팅이 수업 계획 시 이루어지는 것이 가장 바람직하다고 생각하고 있음을 보여 주는 것으로 지금까지 교사 혼자 계획한 수업을 타인에게 평가 받았던 수업 장학과는 다른 측면에서 수업 컨설팅을 기대하고 있음을 알 수 있다.

↘ 제7문항, "미술과 수업의 가장 좋은 컨설팅 방법"에 대해 다음과 같이 응답했다.

미술과 수업 개선을 위한 컨설팅 방법에 대해, 교사들은 수업 관찰 및 분석(16명), 수업 계획 진단(12명), 면담(8명), 코칭(6명), 수업 비디오 분석(5명) 등으로 응답했다. 수업 컨설팅 시점이 "수업 계획 시"라고 응답한 결과와 다르게 수업 관찰 및 분석 방법을 많이 선택한 결과는 교사들이 진행한 수업에 대한 피드백이 수업 개선에 많은 도움이 된다고 생각하고 있음을 말해 준다. 이러한 결과로 수업 컨설팅이 수업 계획부터 진행과정, 수업 결과 이후에 계속 필요함을 알 수 있다.

↘ 제8문항, "미술과 수업 컨설팅 운영과 관련하여 가장 바람직한 방식"에 대해 다음과 같이 응답했다.

교사의 개인적인 요구에 따른 컨설팅(29명)이 가장 바람직하다는 응답이 가장 많았으며, 시·도 교육청 단위의 정기적 컨설팅(8명), 학교 단위의 정기적 컨설팅(6명) 운영을 선호한다는 응답도 있었다. 교사 스스로 문제를 인식하고 문제 해결을 위한 컨설팅을 자율적으로 의뢰하는 것이 컨설팅 의뢰자가 되는 교사들에게 가장 좋은 운영 방식임을 알 수 있다.

↘ **제9문항, "미술과 수업 컨설팅의 효과"에 대해 다음과 같이 응답했다.**

수업 컨설팅의 가장 기대되는 효과는 교수법 개선과 교사의 전문성 신장을 통한 수업의 질적 향상(16명)이었으며, 수업 내용의 다양화와 아이디어 개발, 미술교육의 본질에 가까운 수업, 수업의 목표 도달의 체계적 방법 습득, 수업 방법이나 내용상 인식하지 못한 부분의 발견과 수정, 체계적인 계획과 지역별, 국가별 통일된 내용의 적용, 미적 체험의 기회, 전인적 창의적 인간 형성, 수업 시행착오의 예방 등을 미술과 수업 컨설팅의 효과로 기술한 교사들이 각각 한 명씩 있었다. 반면 기대 효과에 대해 무응답한 교사들이 13명에 달했다. 수업 컨설팅의 의미에 대해 응답하지 않은 10명의 교사들이 대부분 컨설팅 관련 질문에 대해 응답하지 않고 컨설팅 효과에 대해서도 답하지 않았다.

↘ **제10문항, "미술과 수업 컨설팅 프로그램 개발과 관련한 기타 의견"으로는 다음과 같은 내용들이 제안되었다.**

미적 체험과 감상 영역을 중점으로 다양한 수업 메뉴얼 예시 자료가 필요하다. 프로그램에 참여할 제도적 장치 마련되어야 한다. 쉽고 빠른 연결 체계, 즉 인터넷 사이트 운영 등이 요구된다. 컨설팅이라는 용어 자체가 생소하기 때문에 용어에 대한 안내가 필요하다. 의무로서 컨설팅이 진행되지 않고 자율적으로 컨설팅이 운영되어야 한다. 교사와 지역 미술 기관과의 연계가 필요하다. 아이들의 인성 개발이나 주위 환경 등을 고려한 현실과 연계된 내용 중심의 컨설팅이 필요하다.

2) 미술 교사 심층 면담 조사를 통한 컨설팅 내용 구성

앞에서 실시한 조사 결과 가장 많은 교사들이 컨설팅이 필요하다고 생각하는 '미적 체험'과 '감상' 활동에 대해 심층 면담 조사를 실시했으며 조사 결과는 미적 체험과 감상 활동에 대한 미술과 수업 컨설팅 내용을 구성하는데 반영되었다.

(1) 미적 체험 관련 용어에 대한 이해 조사

미술과의 미적 체험 관련 수업에서는 오감을 활용한 체험 활동을 통해 미적 감수성이 풍부해지도록 하며 시각적 사고력을 위하여 관찰, 분류, 비교 활동을 중심으로 한 교수 · 학습 방법을 적용한다. 또한 미적 체험 활동에서는 자연물을 포함한 시각적 대상과 현상의 특성에 대해 반응하고, 자신의 반응에 판단하고 가치를 부여하는 활동을 통해 자기 인지까지 도달하도록 하는 것이 중요하다.

교사들이 가지고 있는 미적 체험 관련 수업의 문제점을 진단한 결과 미적 체험 관련 용어의 기본 개념에 대한 부정확한 이해에서 비롯된다는 사실이 밝혀졌다. 교사들은 미술과 교육과정에서 사용되고 있는 용어들, 미적 대상, 미적 안목, 미적 인식, 미적 판단, 미적 체험 등에 다음과 같이 이해하고 있었다.

<table>
<tr><th>기본 개념</th><th>교사들의 개념 이해</th><th>불명확한 개념으로 인한 교수 · 학습에서의 오류</th></tr>
<tr><td rowspan="4">〈미적 대상〉
개인이 반응하고 의미와 가치를 부여하는 모든 대상과 현상</td><td>아름다운 대상으로 동일시함</td><td>아름다운 대상만 제시</td></tr>
<tr><td>미술품으로 동일시함</td><td>미술 감상 수업과 중복</td></tr>
<tr><td>자연미와 동일시함</td><td>자연 대상물 특성 감상</td></tr>
<tr><td>모든 보이는 것들</td><td>다양한 시각 자료만 제시</td></tr>
<tr><td rowspan="2">〈미적 안목〉
미적 대상의 특성을 파악하는 능력</td><td>아름다움을 보고 느끼고 찾아낼 수 있는 보는 눈</td><td>대상의 아름다운 특성 발견에만 치중된 수업</td></tr>
<tr><td>우리 주변 환경에 대한 관찰 능력</td><td>환경 미술 또는 자연물에 대한 관찰 중심의 수업</td></tr>
</table>

	작품을 보는 눈높이	미술 감상 수업과 중복
	시대에 따라 달라질 수 있으며 바라보는 관점에 따라 달라질 수 있다.	미술사, 미학 중심의 수업
〈미적 인식〉 미적 대상에 대한 개인의 반응을 알고, 표현하는 것	미술적 대상을 보고 그것에 대해 판단하고 아는 것	미술 감상 수업과 중복
	아름다움의 관점에서 사물을 지각하는 것	대상의 아름다운 특성 나열식 수업
	주변 세계의 아름다움을 느끼며 향유할 수 있는 심미적인 태도	아름다움에 대한 감정 몰입 위주의 수업
	아름다움을 느낄 수 있는 능력	아름다운 특성의 발견에 치중된 수업
	판단 전에 대상물을 보고 직관적으로 느끼는 감각	자연물 감상 수업
	미술 작품 속에서 주는 느낌, 시각 등의 차이를 알아보는 것	미술 감상 수업과 중복
〈미적 판단〉 미적 대상에 대해 의미와 가치 부여	미술적 아름다움이 있는지 없는지 가리는 것	아름다운 미술품 감상 수업
	아름다움의 여부를 판단하는 기준	미와 추에 대한 수업
	아름다움에 대한 선호도를 분명히 하는 것	아름다움의 기준을 찾는 수업
〈미적 체험〉 미적 대상에 대한 몰입과 반응	미술적 경험을 체험하도록 해 주는 것	미술 감상 수업과 중복
	개인이 아름다움을 느낄 수 있었던 경험의 장	아름다움을 느낄 수 있는 상황 제공
	전문가들의 작품 관람, 아름다운 환경	미술관 수업 또는 환경 미술 감상
	아름다움을 가진 창작물을 생성해내고 감상을 포함하는 능력	작품 제작 중심의 수업

이상 조사된 내용처럼 교사들의 미적 체험 영역 관련 용어에 대한 불

명확한 이해로 인해 미적 체험 관련 수업 설계가 체험, 반응, 자기 인식 등의 활동이 종합적으로 일어나도록 계획되어야 함에도 불구하고 교사들이 단지 대상이나 미술품에 대한 아름다운 특성 발견에 그치는 수업을 계획하거나 혹은 미술 감상 수업 또는 표현활동 중심으로 수업을 계획하는 결과를 초래했다.

(2) 미적 체험 관련 수업에 대한 문제

미적 체험 활동 수업에 대해 초등교사가 생각하는 어려운 점, 문제점 등에 대해 좀더 구체적으로 알아보기 위해 한 명의 초등학교 교사가 미적 체험 영역을 가르치면서 느꼈던 내용을 구체적으로 기술한 내용을 살펴보면 다음과 같다.

↘ 미적 체험 관련 용어에 대해 어떻게 이해할까?

미적 체험에 관한 가장 근본적인 질문은 미적 체험이라는 용어를 어떻게 이해하여야 할까라는 것입니다. 7차 교육과정에서 미적 체험, 표현, 감상의 3영역으로 구분하는 바람에 마치 각각의 명확한 영역 구분이 가능한 것처럼 여겨지기도 하지만, '미적 체험'이라는 용어 자체가 주는 어감을 생각해 보면 표현과 감상 영역까지도 한데 아우르는 매우 폭넓은 개념이라는 느낌을 주기도 합니다. 미적 체험이라는 용어의 이해가 애매하다 보니, 그것을 가르치는 것도 애매하죠.

현재는 미적 체험이 수업의 도입부의 동기유발을 위해 주로 활용되고 있다는 느낌이 드는데요. 그러나 교과서에서 이 부분은 대부분 기존 작가의 작품이 제시되는 경우가 많아서 이것을 감상 영역과 어떤 차별성을 가지고 지도해야 할지 애매합니다.

예를 들어, 3학년 2단원 생활 속의 이야기를 보면 생활에서 보고, 느끼고, 생각한 것을 자유롭게 표현하여 보자는 내용과 함께 도입부에서 김득신의 〈야묘도추〉와 쇠라의 〈라 그랑드자드 섬의 일요일 오후〉라는 작품이 제시되는데요.

교과서의 내용대로 수업의 흐름을 살펴보면 도입(미적 체험)은 기존 작가의 작품을 감상하기 ⇨ 전개(표현)는 경험한 것, 생각한 것 표현하기 ⇨ 정리(감상)는 서로의 작품 감상하기가 되는 것 같습니다. 이런 흐름이라면 굳이 미적 체험이라 하여 영역을 따로 구분하는 의의가 있을까 싶은데요.

미적 체험이라 하면 기존 작가의 작품의 감상에서 벗어나 미술이 학생들 개개인에게 보다 의미 있게 다가갈 수 있는 계기를 만드는 과정이 되어야 할 것 같습니다. 교사용 지도서에서는 참고 작품을 감상하기와 더불어 각자가 준비해 온 사진과 글에 대하여 이야기하기 활동이 소개되어 있었습니다. 이러한 활동은 보통 국어 교과에서 많이 다루어지니 국어와 교과를 통합하여 수업을 진행하는 예시도 참고로 제시되면 좋지 않을까 생각해 보았습니다.

미적 체험이라는 개념은 제가 이해하기로 매우 포괄적이고 통합적인 것으로 여겨지기 때문에 기존 작품에 대한 감상을 제시하는 과정으로 한정되어서는 곤란하다고 여겨집니다.

↘ 미적 체험 관련 활동 목표를 어디에 두어야 할까?

용어의 애매함에서 나름대로 벗어나기 위해 미적 체험 영역의 내용을 살펴보았더니 자연미와 조형미의 발견과 특징, 관계 이해더군요. 내용을 보니 좀 감이 잡히는 것 같기도 합니다. 3, 4학년의 경우는 자연에서 선, 형, 색의 아름다움을 찾아보는 내용으로 구성되어 있습니다. 대표적 미적 체험 단원이라 할 수 있는 3학년 1단원 '자연의 아름다움'을 예로 들어 보겠습니다. 제목은 자연의 아름다움인데, 과연 교과서의 내용이 학생들에게 자연의 아름다운 선과 형을 체험하도록 되어 있는지는 좀 의문

스럽습니다.

교과서의 발문은 "어떤 선들이 보입니까? 여러 가지 선을 찾아보고 느낌을 이야기하여 봅시다."로 되어 있는데, 과연 학생들이 교과서의 도판과 발문을 보고 "자연에 이런 선들이 숨어 있었다니 정말 놀랍구나. 나도 한번 신비롭고 아름다운 자연을 여러 가지 선들로 옮겨 그려 볼까!" 하고 느낄 수 있을까요?

게다가 도판에서 찾을 수 있는 선을 가르쳐 줌으로써 학생들에게 정답을 제시하는 결과가 되어 버린 것 같습니다. 차라리 한 가지만 가르쳐 주고 나머지는 빈칸으로 남겨 두는 워크북 형태가 나을지도 모르겠다는 생각도 드는데요.

제가 궁금한 것은 '궁극적으로 교사가 학생들에게 지향하도록 해야 하는 목표가 무엇이냐' 입니다. 교과서를 보면 마치 학생들로 하여금 자연에서 선과 형을 잘 찾아내도록 하는 것이 목표인 것 같은 느낌을 주거든요. 제 생각으로는 이 단원에서는 학생들로 하여금 자연의 선과 형에 대해 호기심을 가지도록 이끄는 것이 매우 중요하다고 생각됩니다. 저는 초등 미술의 미적 체험 영역에서 교사가 목표로 해야 할 것이 학생들로 하여금 미의 발견의 결과에 집중하도록 하는 것인지 아니면 미의 발견 과정에 대한 호기심에 두어야 하는 것인지, 즉 미적 체험에 있어 결과와 과정 중 어디에 더 집중하여야 하는가가 궁금하지 않을 수 없습니다.

교사들은 수업을 할 때, 이 단원에서 학생들이 꼭 배워야 하는 것, 꼭 알아 두어야 할 것에 집중합니다. 그러다 보니 자연에서 선과 형을 찾아내는 활동을 하기는 하지만 그것의 가치와 의미에 대해서는 무관심할 수도 있습니다.

↘ 미적 체험 활동 관련 교과서 자료 활용을 어떻게 할까?

미적 체험 영역과 관련하여 교과서에는 시각적인 자료들이 주로 제시되어 있는데요. 미적 체험에 있어 오감을 활용하는 것과 공감각을 활용하는 시도에 대해 어떻게 생각하시는지 궁금합니다.

교사용 지도서에 나오는 활동을 보면 경험한 것이나 생각한 것 중에서 느낌을 떠올리고 그것을 살려 그림을 그리는 활동이 나오는데 너무 뻔하다고 해야 할까요? 예를 들어 청각을 자극하는 빗소리를 들려주고 나서 비가 오는 장면을 보여 주고 색과 선으로 표현하게 한다든지, 차가운 얼음을 만져 보거나 뜨거운 물에 손을 담그고 난 후 그 느낌을 색으로 표현해 보는 활동은 어떨까요?

게다가 교과서처럼 따뜻한 느낌, 차가운 느낌 하고 그에 해당하는 색을 알려 주는 것은 오히려 학생들에게 탐색하고자 하는 의욕을 떨어뜨리는 것은 아닐까요? 마치 이미 정답을 가르쳐 주고 답을 생각해 보라는 것처럼 느껴지거든요. "자, 따뜻한 느낌은 빨강, 주황, 노랑색이야. 참고 작품으로 제시된 두 그림 중에서 따뜻한 느낌을 주는 그림을 찾아봐라." 하는 것처럼요. 색이 주는 느낌을 아는 것이 중요할까요? 아니면 색이 주는 느낌을 활용하는 것이 더 중요할까요? 교과서를 보면 색이 주는 느낌을 아는 데 더 치중한 것 같은 느낌을 주거든요.

저는 이 단원을 4계절과 관련하여 계절 사진은 색이 주는 느낌을 이해하는 활동으로, 계절 의상이나 장신구는 색이 주는 느낌을 활용하는 활동으로 재구성하면 더 재미있을 것 같다는 생각을 했습니다. 3학년 수준에 너무 어려울까요? 예를 들어 봄, 개나리, 진달래, 병아리 사진 등을 보고 느낌 이야기하기, 봄에 입기 좋은 옷 색깔 생각해 보기, 또는 여름보다 겨울에 검은색이나 갈색, 보라색 등의 옷을 많이 입을까에 대해 이야기해 보기 같은 활동들은 어떨까요? (10단원에 의상과 장신구 단원이 있지만 모양과 쓸모에 집중하여 색에 대한 언급이 부족하네요. 사실 의상이라 하면 모양이나 쓸모도 중요하겠지만 색도 매우 중요하다고 생각되거든요.)

물론 교과서에서도 계절과 관련하여 바다 속이나 봄 햇살(솔직히 봄 햇

살이 아니라 노을 진 가을 풍경 같다는 느낌이 들지만) 같은 참고 작품이 제시되기는 하지만 좀 부족하다는 느낌이 드네요. 또 교사용 지도서를 보면 이 단원에서 색의 혼합에 대한 내용도 제시되어 있는데요. 색 혼합의 필요성을 알고 물감을 혼합하는 방법을 알아본다. 여러 가지 색의 느낌을 살려 표현하는 순서와 주의할 점을 알아본다. 라고 제시되어 있는데, 구체적인 내용이 제시되어 있지 않아서 미술을 전공하지 않거나 관심이 없는 교사들이 어떻게 지도해야 할지 난감할 거라 생각이 듭니다. (교사용 지도서 54쪽에 색의 혼합에 대해 설명이 나와 있긴 하지만 너무 단순화시켜 이해하기 힘드네요.)

(3) 감상 활동에 대한 교사들의 고민

미술 감상 교육에서는 미술 작품을 다양한 관점에서 해석하도록 하기 위해 형식 분석적 접근, 사회적 역사적 접근, 해석학적 접근법 등을 활용한다. 또한 작품 감상 시, 성, 인종, 민족별 다양한 작품을 비교 감상하고, 미의 다양한 기준에 대해 이해하고 판단하도록 하며 미술품에 대한 토론 또는 기술 과정에서 미술 관련 용어를 이해하고 적극 활용하도록 한다. 박물관, 미술관, 전시장 등의 관람 기회를 확대하고 지역사회 문화 행사에 적극적으로 참여하도록 하여 전통 미술과 문화에 대한 관심과 이해를 높이도록 한다. 미술가 이야기, 미술가 또는 미술 관련 에피소드, 생활 속에서 미술과 관련된 내용 등을 적절히 활용하여 미술에 대해 종합적으로 흥미와 관심을 갖도록 한다. 미술 관련 정보 수집 및 분석을 위해 ICT를 활용한 교수 · 학습 방법을 적극 활용하도록 한다.

이런 감상 활동 지도에 초등교사가 생각하는 어려운 점, 문제점 등에 대해 구체적으로 기술하도록 했다. 한 명의 초등학교 교사가 감상 영역을 가르치면서 느꼈던 개념상의 혼란이나 개념에 대한 인식의 차이 등의 내용을 구체적으로 기술하였다. 이 조사에서는 감상 단원에만 한정하기

보다는 전체 단원에서 감상과 관련된 문제점이나 의견을 다루었고, 이러한 교사 의견 조사를 바탕으로 감상 활동을 위한 컨설팅 내용을 구성했다.

↘ 미술 감상에 필요한 발문에 대해 컨설팅이 필요합니다.

미술을 전공하지 않은 주변 교사들 중 감상을 지도하는 데 있어 가장 큰 어려움을 겪는 이유는 감상을 첫인상과 같은 미적 직관이라고 생각하는 경향 때문인 것 같습니다. 미술을 비전공한 친구의 말을 대충 빌리면 "그림을 딱 보면 뭔가 느낌이 오잖아. 그런데 그걸 말로 표현하기가 어려워. 그리고 그걸 꼭 말로 표현해야 할 필요가 있나! 한마디로 그냥 feel 이지. 그런데 그걸 가르치려니…… 좀 그렇지."

이렇게 교사 자신이 감상을 미술 작품을 대면했을 때의 첫인상 정도로 인식하다 보니 학생들로 하여금 미적 직관 이상의 감상을 끌어내기 어려운 것이지요. 따라서 감상을 위한 다양한 발문의 사례를 교사용 지도서에서 제공해야만 할 필요가 있다고 여겨집니다.

제가 감상 영역의 컨설팅을 받는다면 작품을 감상하는 데 있어 다양한 발문 사례와 적절한 발문은 어떤 것인가에 대해 안내받고 싶어요.

↘ 어려운 개념들이 포함된 미술 감상 지도에 대한 컨설팅이 필요합니다.

6학년 2단원 관찰 표현은 대상의 특징을 관찰하고 여러 가지 재료로 표현해 보는 단원입니다. 6차시로 구성되어 있는 반면에 구도, 원근감, 비례 등의 어려운 개념들이 많이 나오고 활동 내용도 복잡한 것 같습니다.

일단 표현 활동에서 〈활동 1〉은 관찰한 것을 평면으로 표현하기, 〈활동 2〉는 관찰한 것을 입체로 표현하기인데다가, 다시 〈활동 1〉은 인물이나, 정물이나 풍경 중 선택 활동으로 되어 있고, 〈활동 2〉에서는 발포석고나 비누의 조각이 등장합니다. (조각은 정말 어렵습니다. 미술 비전공 교사의 경우 거의 시도조차 되고 있지 않다고 볼 수 있습니다.)

한 단원에서 이해하기 어려운 새로운 개념과 다루기 쉽지 않은 새로운 재료와 용구가 한꺼번에 나오기 때문에 지도하기 매우 어렵고 까다롭습니다. 솔직히 표현 활동 중에서 두 가지 정도 골라서 한다고 해도 벅찬데 이것에 대해 감상을 하려니 더 어렵죠.

감상에서 해야 할 활동을 나열해 보면, 공간의 느낌이 잘 나타난 부분을 찾아보기(원근감과 공간감), 면 구도와 비례를 찾아보기, 입체 작품의 양감을 찾아보기 등인데 솔직히 말해서 가르치는 교사들도 이 개념들을 정확히 이해하고 있다고 할 수 있을지 의문스럽거든요.

이렇게 이해하기 어려운 개념들을 포함한 감상은 어떻게 지도해야 할까요? 개념의 이해가 불충분한 상태에서도 감상은 가능한 것인가요? 아니면 개념의 이해가 충분해야 적절한 감상이 이루어졌다고 할 수 있을까요?

↘ 감상 활동에서 바람직한 평가에 대한 컨설팅이 필요합니다.

감상에서 교사의 감상 관점이 학생들에게 그대로 주입되거나 교사의 평가가 감상 활동으로 잘못 인식될 수도 있는 상황도 있을 수 있다고 생각됩니다. 만약 그것이 바람직하지 않은 것이라면 이것을 어떻게 극복해야 할까요?

교사들은 학생 작품을 감상하는 데 있어 은연중에 평가를 염두에 두게 되는 것 같습니다. 작품의 완성도를 주로 보죠. 예를 들면 화면 가득 커다랗게 주제가 드러나게 잘 그리고 색칠과 마무리가 잘된 그림을 감상 작품으로 고릅니다. 잘 그렸다고 생각되는 작품을 골라 학생들로 하여금 잘된 부분을 찾아보게 하는 거죠. 잘 그린 그림이란 이런 거라고 보여 주는 것처럼. 따라서 교사가 잘 그렸다고 생각하는 작품을 학생들도 잘 그렸다고 생각하게 되는 것이지요.

"이 작품을 보고 잘된 부분을 찾아보세요." "이 작품은 어떤 부분이 잘 표현된 것 같은가요?” “자신의 작품에서 잘한 점과 부족한 점을 찾아보세요.” 같은 말들과 함께요.

감상에 있어 “잘”이라는 말이 주는 의미가 그다지 달갑지 않거든요. 감상과 평가는 분명히 다르기는 하지만, 때로는 혼동되기도 하는 것 같습니다. 평가와 감상에 있어 미적인 가치 판단은 어떤 차이가 있을까요?

↘ 추상 표현 작품 감상 지도를 위해 미술사적 배경에 대한 컨설팅이 필요합니다.

6학년 3단원 다양한 표현에 관한 질문입니다. 참고 작품으로 이중섭의 〈흰 소〉나 브라크의 〈둥근 탁자〉, 잭슨 폴록의 〈가을 리듬〉, 콜더의 〈모빌〉이 제시되어 있습니다. 이 작품들을 감상하는 데는 완성작뿐만 아니라 제작과정에 대한 안내가 많은 도움을 줄 것 같습니다.

저의 경우도 학창시절 미술 선생님께 잭슨 폴록의 작품 제작 과정에 대한 이야기를 인상 깊게 듣기는 했지만 실제 그것이 어떤 장면인지 상상하기 어려웠거든요. 그러다가 나중에 우연히 미술 서적에서 폴록이 넓은 작업실에 커다란 화판을 바닥에 깔아 놓고 작업하는 사진을 보게 되었습니다. ‘바로 이거였구나.’ 하는 생각이 들더라고요.

그리고 모빌의 경우 정지 상태와 움직일 때의 장면을 학생들에게 동시에 제공해야겠죠.

특히나 감상에서 이러한 다양한 표현들이 나타나게 된 미술사적인 배경의 이해 없이는 제대로 된 감상이 어려우리라 여겨집니다.

물감을 마구 흩뿌린 듯한 구상의 형태를 찾아볼 수 없는 폴록의 작품이 왜 미술사상 중요한 작품으로 평가받는지에 대한 언급이 있어야겠지요. 그런데 교사용 지도서에는 그런 내용은 없네요. 추상 표현에 대해서는 제작 과정과 더불어 미술사적 배경의 중요성에 대한 컨설팅도 필요하리라 여겨집니다.

↘ 작품 전시회 기획에 대한 컨설팅이 필요합니다.

6학년 11단원 전시회에 관한 질문입니다. 요즘 학교에서는 학교별로 작품 전시회를 1년에 1번 정도는 기획합니다. 저라면 굳이 학급 전시회를 계획하거나 미술관 모형을 만들기(솔직히 너무 재미없을 거 같은)보다는 학교별 전시회를 활용하는 것이 나을 것 같구요.

재미있는 것은 전시회 관람하기 〈활동 2〉에서 도슨트가 되어 작품 설명하기(지도서 p.120)가 있네요. 하지만 학생들이 도슨트 역할을 하도록 하기 위해서 필요한 안내가 부족한데요. 이 부분에 대한 컨설팅을 받으면 재미있을 것 같아요.

↘ 환경과 건축에 대한 감상 지도를 위한 컨설팅이 필요합니다.

주변 환경과 어울리는 아름다운 건축물을 만들어 보는 단원인데요. 여기서 감상의 포인트는 자연과 건축물의 조화가 아닐까 싶습니다. 이 단원에서는 표현보다는 미적 체험을 주된 활동으로 강조하는 것이 어떨까 싶네요. 한 단원에서 미적 체험, 표현, 감상을 모두 같은 비중으로 다룰 필요는 없겠지요. 어떤 단원에서는 표현을, 또 어떤 단원에서는 감상을 보다 중요하게 다룰 수 있겠고요. 어떻게 생각하세요?

같은 오페라 하우스라도 찍은 각도에 따라, 낮과 밤에 따라 얼마나 그 아름다움이 변하는지 알려 줄 필요가 있습니다. 그런데 참고 자료로 제시된 오페라 하우스 같은 경우는 주변 환경도 잘 안 보이고, 사진 한가운데 건물이 떡 들어앉은 것이, 정말 멋없는 사진입니다. 창덕궁 부용정도 계절의 변화에 따라 얼마나 달라질 수 있는지……. 4계절의 부용정 사진을 함께 볼 수 있으면 좋겠다는 생각을 했습니다. 솔직히 도판이 너무 성의 없이 여겨집니다.

하나의 위대한 건축물이 자연의 변화에 따라 시시각각 달라지는 모습을 학생들에게 보여 주는 것도 참 재미있을 것 같거든요.

그리고 학생들에게 건축물에 관련된 이야기를 들려주는 것도 재미있겠네요. 예를 들면, 타지마할 같은 경우 왕이 죽은 왕비를 그리며 지은 무덤이라는 이야기, 타지마할을 짓느라 아들에게 왕위를 뺏기고 타지마할 건너편 성에 갇혀 아내를 그리워하며 외롭게 죽어 간 슬픈 이야기나 오페라 하우스로 인해서 시드니 항이 세계적인 관광지가 되고 여러 영화의 배경으로 등장하게 된 이야기 등등이요. 유명한 건축물에 숨겨진 이야기를 찾아보는 활동을 해 보는 것도 좋겠네요.

4. 교내 컨설턴트와 함께한 미술과 수업 컨설팅 과정

미술과 수업 컨설팅 과정에 교과 전문가와 동료 교사가 컨설턴트로 함께 참여하였다. 이는 컨설팅 의뢰 교사가 능동적으로 다양한 관점에서 수업을 개선할 수 있도록 하기 위한 것이며 동시에 동료 교사가 컨설턴트로 수업 컨설팅에 참여함으로써 교육 현장에서 일시적이 아닌 지속적인 수업 컨설팅이 진행될 수 있도록 하기 위해서다. 이런 취지를 살리기 위해 본 교재에 수록된 미술과 수업 컨설팅 사례는 다음과 같은 컨설팅 참여자에 의해 진행되었다.

〈외부 전문가〉

이름	경력
김○○	미술교육과 교수
안○○	미술교육과 교수

〈교내 컨설턴트〉

이름	경력
이○○	교육경력 10.05 초등교사로서 미술과 수업 연구 및 발표 경력 다수

〈컨설팅 의뢰 교사〉

이름	교육 경력
이○○	9.04
홍○○	5.05
김○○	9.05
신○○	4.07
이○○	17

1) 외부 전문가와 교내 컨설턴트의 컨설팅 계획 수립

외부 전문가와 교내 컨설턴트의 미술과 수업 컨설팅은 다음과 같은 관점에서 진행되었다.

① 외부 컨설턴트의 수업 컨설팅은 수업 계획 단계에서부터 전 과정에 걸쳐 이루어지도록 한다.
② 외부 컨설턴트는 교내 컨설턴트와 함께 컨설팅 전반에 대한 계획을 수립하고 각각의 역할을 정한다.
③ 수업 기술 향상을 위해 수업 설계, 수업 관찰, 수업 분석, 수업 자료 제작 등에 대한 협의를 한다.
④ 외부 컨설팅을 받은 교내 컨설턴트의 수업계획 및 공개를 일차적으로 진행한다.
⑤ 컨설팅 의뢰 교사가 교내 컨설턴트와 수업 계획을 하고 외부 컨설팅을 받은 뒤 세 가지 유형의 수업을 공개한다.
⑥ 교내 컨설턴트가 진행한 수업을 기초로 컨설팅 의뢰자들이 미술과 수업을 설계하도록 한다.

수업에 대한 사전 조사		외부 컨설턴트의 컨설팅을 통한 수업 설계		교내 컨설턴트의 수업 공개		컨설팅 의뢰 교사의 수업 계획
✔ 수업에 대한 진단 수업 주제, 수업 목표 및 과제 분석, 수업 아이디어, 수업 전반 흐름 협의	⇨	**✔ 수업 컨설팅** 수업 계획 교재연구, 자료 제작 수시 수정, 보완	⇨	**✔ 교내 컨설턴트의 수업** 교내 컨설턴트의 수업 공개 (전교사 참관)	⇨	**✔ 교내 컨설턴트의 수업분석** 지도안 검토 수업 분석 수업 계획

2) 교내 컨설턴트의 수업 컨설팅

교내 컨설턴트가 진행한 미술과 수업에 대한 컨설팅 과정은 다음과 같다.

① 교내 컨설턴트는 컨설팅 의뢰 교사들의 문제점을 진단하고 수업 개선을 위한 계획을 세웠다.
② 교내 컨설턴트는 컨설팅 의뢰 교사와 함께 사전 협의회에서 수업 목표와 수업 의도를 협의하고 수업에 적합한 전략을 제시해 주며, 교수 학습 자료 제작 및 활용에 대한 아이디어를 제시하였다.
③ 컨설팅 의뢰 교사는 사전 협의 결과를 기초로 1차 교수 · 학습 지도안을 작성하였다.
④ 교내 컨설턴트와 컨설팅 의뢰 교사가 1차 교수 · 학습 지도안을 분석하여 수업 설계상의 문제점을 수정 · 보완하여 2차 교수 · 학습 지도안을 작성하였다.
⑤ 2차 교수 · 학습 지도안을 자료로 외부 컨설턴트, 교내 컨설턴트, 컨설팅 의뢰 교사가 함께 협의회를 갖고 수업 설계 전반에 대해 검토하였다. 특히 교수 · 학습 자료로서 실물 자료, ICT 자료 등의 활용에 대해, 학습 활동 조직에 대해, 미술과 교육과정 관련성에 대해 논의하였다.
⑥ 컨설팅 의뢰 교사의 수업 장면을 VTR로 녹화하였다.
⑦ 언어 분석법, 과업집중도 분석법, 분위기 분석법 등 수업자가 원하는 유형의 수업 분석 기법을 활용하여 수업을 분석하였으며, 수업 참관 교사 중 한 명이 분석 업무를 분담하였다.
⑧ 컨설팅 의뢰 교사의 수업을 참관하는 동료 교사는 수업안을 충분히 검토한 후 수업을 참관했으며 참관록을 작성하여 협의 시 활용하

였다.

⑨ 수업 분석 결과와 수업 참관록을 바탕으로 수업 후 협의회에서 우수 사항, 일반화할 점, 수정 · 보완할 점을 협의하였으며, 수정 · 보완점을 반영하여 환류 지도안을 작성하였다.

제 3 장

미술과 수업 컨설팅의 사례

제3장

미술과 수업 컨설팅의 사례

1. 입체 표현 수업을 위한 컨설팅 사례

1) 컨설팅 주제: 초등 3학년 5단원 찰흙의 세계

(1) 단원 설정의 취지

이 단원은 전통 미술 중 신라토우의 특징을 역사적 · 사회적 맥락에서 감상하고 특히 토우의 움직임 표현을 자세히 관찰하도록 하여 움직이는 사람 제작에 활용하도록 한다.

찰흙 표현을 위해 사용되는 용구가 처음 소개되는 만큼 용구를 잘 활용할 수 있도록 체계적으로 지도함으로써 동세 표현이 효과적으로 된 작품을 제작하도록 한다. 학생들의 표현 발달 수준과 개인의 표현 특성을 고려하여 입체표현 활동에 흥미를 느끼도록 하고 찰흙의 특성을 이해하고 용구를 효과적으로 활용하도록 한다.

(2) 차시별 지도 계획

차시	차시별 활동	내용
1	찰흙 작품과 토우 감상하기	• 찰흙 재료의 특성을 탐색하기 위한 활동 • 토우 작품들의 특성을 살피고 토우의 주제와 의미를 조사하기 • 토우의 팔, 다리, 몸통의 표현 방법 탐색하기 • 토우의 표정과 동작 탐색하기
2~3	찰흙판에 표현하기	• 찰흙 판에 부조로 표현하기 위한 용구 사용법 익히기 • 세밀한 표현을 위한 용구, 표면을 매끈하게 하기 위한 용구, 흙을 긁어 내는 데 필요한 용구 등에 대해 이해하고 사용하기 • 빗살무늬나 물결무늬를 나타낼 때 사용하는 용구 활용하기
4~5	점토로 표현하기	• 찰흙과 점토의 특성 비교하기 • 움직이는 사람을 표현하기 위해 토우의 움직임 표현을 보며 목각인형으로 움직임 표현하기 • 목각인형으로 움직임 만들어 보고 스케치하기 • 점토로 스케치한 움직이는 사람 표현하기
6	작품 감상하기	• 개인별로 자신의 작품에 대한 설명서 작성하기 • 개인작품 평가서 작성하기 • 모듬별로 만든 작품 전시하고 칭찬하기

2) 수업 컨설팅 진행 절차

수업 컨설팅은 주로 컨설턴트와 의뢰인의 면담에 의해 진행되었으며 수업 계획안의 검토와 수업 분석, 수업 검토 등에 대해 이루어졌다. 다음 면담 내용에서 'C'는 컨설턴트, 'T'는 의뢰 교사를 의미한다.

(1) 준비 단계

Ⓒ 안녕하세요. 만나 뵙게 돼서 반갑습니다.

Ⓣ 안녕하세요? 올해 경력 9년차인 교사 이○○입니다. 동료교사와 함

께 미술 수업 개선에 대해 고민하고 있던 중 컨설팅을 의뢰하게 되었습니다. 아이들이 평면 표현은 자주 하기 때문에 자유롭게 표현하고 싶은 내용을 잘하지만 입체 표현은 재료를 다루는 능력 때문에 표현이 원하는 만큼 되지 않아 고민하는 모습을 종종 보게 됩니다. 학생들이 입체 표현에 자신감을 갖도록 수업을 하고 싶습니다.

Ⓒ 입체 표현 활동에 대한 자신감을 갖도록 하기 위해 고민을 하셨군요. 수업 주제와 표현 재료, 용구가 무엇인지에 따라 컨설팅 내용이 달라지니 수업의 문제를 진단하는 것이 우선적으로 이루어져야 할 것 같습니다.

(2) 실행 단계

① 진단 및 과제 협의

Ⓒ 이○○ 선생님이 생각하시는 입체 표현 활동 수업의 가장 큰 문제점은 무엇입니까?

Ⓣ 재료와 용구를 다루는 방법을 학생들이 잘 모르기 때문에 자신이 표현하려는 의도를 잘 나타내지 못해 학생 스스로 입체 표현에 흥미를 잃어가는 것입니다.

Ⓒ 선생님의 교육대학에서의 심화 과목은 무엇이었습니까?

Ⓣ 미술교육이었고, 졸업 작품으로 조소 작품을 제출했고 지금도 교사들 조소 그룹전에 참여하고 있습니다.

Ⓒ 선생님께서 조소 작품을 직접 많이 제작하셨기 때문에 입체 표현 활동 지도를 다른 교사들보다 더 잘할 것 같습니다.

Ⓣ 제가 작품을 제작하는 방법과 아이들이 표현하는 방법이 다르고 수준차가 크기 때문에 판단이 잘 서지 않을 때가 많습니다. 제 수준에서 생각하기 때문에 더욱 답답하고 가르치는 데 조급하기도 하고요.

ⓒ 우선 수업에서 제시할 표현 주제와 재료를 정한 뒤에 아이들에게 적합한 활동 수준을 고민해 보도록 합시다.

수업 컨설팅 협약서

〈의뢰인용〉

성명	이○○	교육경력	9.04년
소속 학년	3학년	전공	미술교육
의뢰 영역	점토를 이용하여 움직이는 사람 표현하기		
의뢰 사유	재료 탐색 및 활용 방법에 대한 효과적인 수업 과정		
의뢰 사항	수업 설계 및 동기유발 자료 개발과 활용방안 연구		

의뢰인 이○○는 위와 같은 수업 컨설팅을 받고자 하며 본인이 이러한 과제를 해결하는 데 적극적으로 노력할 것을 약속합니다.

2008년 6월 5일

의뢰인 이○○ (인)

성명	김○○	교육경력	16.04년
소속 기관	○○대학교	전공	미술교육
컨설팅 경력	수업 컨설팅 연구 및 매뉴얼 개발		

컨설턴트 김○○는 위와 같은 의뢰인의 과제를 해결하는 데 적극적으로 지원할 것을 약속합니다.

2008년 6월 5일

컨설턴트 김○○ (인)

② 수업 설계 협의

수업 설계 계획 수립하기

컨설팅 주제		입체 표현 활동을 위한 체계적인 재료와 용구 활용
의뢰인		이○○
컨설턴트		김○○
의뢰인 진단		• 조소 작품을 능숙하게 제작하는 교사로서 입체 표현 활동 지도에 높은 관심을 갖고 있음 • 학생 수준에 적합한 재료와 용구 사용 방법 지도를 고민하고 있음 • 학생들이 입체 표현 활동에 자신감을 갖도록 하기 위한 방안을 고민하고 있음
컨설팅 내용	미술과 교육과정	미술 3학년 5단원 찰흙의 세계
	수업 모형	개별 학습, 협동 학습
	자료제작 방법	• 움직임을 표현한 신라 토우 PPT 자료 제작 • 신라 토우의 감상 학습지, 조별 작품제작을 위한 계획서 제작
진단 및 의견		• 미술 수업에 열정이 많으며 특히 입체 표현 활동에 관심이 높음 • 학생 수준에 맞는 지도 내용과 방법을 정해야 함

협의 후 상담 일지 작성하기

의뢰인	이○○	컨설턴트	김○○	회기	제 회	
일시	2008년 6월~9월		상담 방법	면담	전화	온라인
				○		○
내용	상담 일시: 2008년 6월 (면담) 준비 단계: • 미술에 특히 관심이 많고 직접 미술작품을 제작하여 교사 그룹전에 출품도 하는 이○○ 교사는 경력 9년차로서 미술과 수업에 특별한 애					

내용	정을 갖고 있었으며, 입체 표현을 체계적으로 지도하기 위해 고민하고 있었다. 특히 자신이 조소 작업을 하는 것이 학생들 입체 표현 활동에 특별한 도움을 주지 못한다는 사실을 고민하고 있었다. • 학생들이 입체 표현에 대한 자신감을 잃는 이유가 재료의 특성을 이해하지 못하고 용구를 다루는 방법을 익히지 못했기 때문이라 믿고 두 문제를 해결할 수 있는 수업 컨설팅을 의뢰했다. • 학생들이 재료와 용구에 대해 어느 정도 이해하고 있는지 진단하고 그 자료를 기초로 문제 해결 방안을 찾기로 협의했다. 상담 일시: 2008년 6월 (면담) 실행 단계: 문제 진단 • 의뢰인은 학생들에게 찰흙을 사용한 경험, 찰흙에 대한 느낌, 찰흙으로 만든 작품에 대한 기억 등의 질문을 했다. • 조사한 결과, 현재 초등학교에서 사용하고 있는 찰흙이 입자가 곱지 못해 마르는 과정에서 갈라져 형태가 유지되지 않고 파손되는 경우가 많음이 발견되었다. 또한 학생들은 대부분 찰흙으로 단순한 그릇 만드는 활동만 했으며, 학생들이 다른 재료에 비해 찰흙을 선호하지 않음이 밝혀졌다. • 찰흙을 표현 재료로 선호하지 않는 이유는 재료의 점성이 약하기 때문이었으며, 학생이 계획한 형태의 세부 표현이 어려웠기 때문이었다. • 학생들이 재료 때문에 겪는 어려움을 해소할 수 있는 방법으로 찰흙 대신 점성이 강하고 입자가 고운 점토를 표현 재료로 사용하기로 했고 세부 표현을 위해 용구를 사용하기로 했다. 상담 일시: 2008년 7월 (온라인) 실행 단계: 예비 수업 지도안 분석 • 의뢰인의 수업 방식을 알기 위해 컨설턴트가 수업 설계에 전혀 관여하지 않고 의뢰인에게 지도안을 계획하고 메일로 보내도록 했다. • 예비 수업 지도안을 분석한 뒤 다음과 같은 제안을 했다. 첫째, 수업시간을 효율적으로 운영하기 위해 동기유발 과정에서 선수학습에 대한 불필요한 확인으로 시간 누수가 일어나지 않도록 했다. 둘째, 수업 목표 진술에서 기본적이며 일반적인 용어를 사용하고 학생 수준에 맞는 용어를 사용하도록 한다. 새로운 미술 용어에 대해서는 쉽고 자세하게 설명하고 배운 학생들이 미술 용어를 사용하도록 했다.

내용

셋째, 교사가 직접 시범을 보이는 직접교수법이 학생들의 표현 능력을 신장시키는 데 효과적이므로 실물 화상기를 활용하여 직접 점토로 움직이는 사람 만드는 과정을 보여 주도록 했다.

넷째, 조소용 용구의 활용 방법, 흙물을 사용하여 부분을 연결하는 방법을 직접 교수법으로 보여 주도록 했다.

상담 일시: 2008년 7월 (면담)

수업 설계: 예비 수업 반성 및 본 수업 설계

- 예비 수업 지도안에서 발견한 우수한 점을 말하고 본 수업 설계에서 수정되어야 할 내용을 설명했다.
- 수정되어야 할 내용은 움직이는 사람 제작을 위한 동기유발 시간에 사진자료와 목각인형의 활용, 신체 활동 등이 체계적으로 잘 이루어지도록 안배하는 것이었다.
- 본 수업 지도안이 완성되면 메일로 보내줄 것을 요청했다.

상담 일시: 2008년 8월 (면담)

- 의뢰인이 보내 준 수정된 지도안을 확인하고 동기유발 과정을 단순화하고 목각인형 활용을 실제 표현 활동 직전에 하도록 수정했다.
- PPT 자료에 동세 설명에 적합한 드가의 발레리나 스케치와 입체 작품을 추가하도록 했다. 또한 김홍도의 작품 무동에서 춤추는 사람의 움직임을 선으로 이어보도록 하는 자료를 추가하도록 했다.
- 목각인형을 보며 움직임을 스케치하고 표현 활동 계획을 세우는 학습지의 내용을 단순화하며, 질문 문항은 학생들이 명확하게 답변할 수 있는 것으로 수정했다.
- 목각인형의 관절 움직임과 팔, 다리의 방향 등을 자세하게 관찰하고 스케치할 수 있도록 유도하는 질문 문항을 학습지에 추가했다.

③ 컨설팅 내용

재료 활용 방법에 대한 컨설팅

찰흙과 물을 1 대 1로 혼합한 흙물로, 부분부분을 붙이는 접착제로 사용한다. 찰흙 풀의 경우 여러 가지의 형태를 강하게 붙이기 위한 방법으로 교사용 지도서에 제시되어 있으나, 실제로는 잘 사용되지 않아 교실에서 찰흙이 건조 과정 중에 떼어지고 떨어지는 경우가 종종 발생하므로, 꼭 활용되어야 할 방법이라고 생각하여 실제 학생들의 수업 과정과 방법에 적용하도록 한다.

목각인형의 수업 자료 활용에 대한 컨설팅

인체의 모양과 움직임을 관찰할 수 있도록 목각인형을 수업 자료로 활용한다. 움직임 형태를 목각인형으로 만들어 놓고, 보면서 스케치하도록 한 뒤 찰흙으로 표현해서 움직임 표현 원리를 이해할 수 있게 한다.

3학년 미술 수업 중 용어 사용에 대한 컨설팅

수업의 목적과 목표에 도달하기 위한 가장 기본적인 용어를 사용하는 것이 좋다. 이것은 3학년의 특성과 그 선행학습 수준이나 용어의 익숙한 정도를 수업자가 잘 고려해야 한다. 또한 용어를 사용할 경우 용어에 대한 알기 쉬운 설명이나 시범을 곁들여 사용하는 것이 효과적이다.

재료 선택에 대한 컨설팅

기존의 학습 자료로 공급되는 찰흙은 질이 매우 낮은 점토로, 점력이 떨어지고 입자가 고르지 않으며 손에 많이 묻고, 건조 후 부스러지는 현상이 발생하여 교실이 더러워지는 경우가 많다. 하지만 점력이 좋고 입자가 고운 점토의 선택은 학생들에게 흙에 대한 촉감적 경험을 긍정적으로 받아들이게 할 뿐만 아니라 움직임 표현을 용이하도록 한다.

표현 재료로 찰흙이 일반적으로 수업에서 활용되고 있으나, 학생들이 표현에 어려움을 느끼고 완성 작품의 보관이 어려운 상황에서는 대체 재료로 점토를 활용하는 것이 좋다. 이를 수업 중 지도안이나 과정안에 직접 수업 재료에 대한 명시를 함으로써 수업을 보는 사람으로 하여금 왜 그런 재료를 택하였고 어떤 효과가 나타나는지 확인할 수 있도록 하는 것도 필요하다.

교단 기자재의 효과적 활용에 대한 컨설팅

기자재의 용도에 따라 사용되는 것이 매우 중요하며 수업 목표에 대한 효과적 수단으로 활용되어야 한다. 근래에 일반화되어 있는 영상을 통한 동기유발 등은 시각적으로 매우 큰 효과를 가져올 수 있으나, 현장감을 더할 수 있는 다양한 동기유발이나 학습 전개 상황에 맞는 기자재의 활용에 대한 고민이 필요하다.

실물 화상기를 이용하여 실제의 참고 사진을 확대 복사하여 학생들에게 제시하고, 교사의 시연 및 시범을 화면으로 전송함으로써 학생들이 교사의 직접 시범을 보고 표현방법을 배우도록 한다.

평가 관점과 방향에 대한 컨설팅

각 차시별 평가 관점이나 방향에 대한 고민은 수업의 완성에 있어 매우 중요한 역할을 한다. 각 영역별 평가 관점과 단원 평가의 전체적인 관점을 가지고 지속적인 평가를 하는 것이 중요하다. 3학년의 학생 발달 수준에 적합한 평가 관점을 마련하는 것이 중요하며 표현 과정 활동이 많은 단원의 특성을 고려하여 평가 방법을 결정하는 것이 중요하다.

④ 의뢰자의 자기 수업 분석

수업 분석 자기 체크리스트 〈컨설팅 의뢰 교사용〉 원중초등학교 교사 이○○

평가 준거	평가 관점	평가점				
		5	4	3	2	1
목표 제시 명료성	수업 목표를 명확하게 제시하였는가?	✔				
	본 수업과 지난 수업의 내용이 관련되어 제시되었는가?	✔				
	수업 중 핵심적인 내용 요약을 적절히 제시하였는가?	✔				
수업 과정 형태	교과, 교재의 특성에 맞는 수업 과정 모형을 적용하였는가?	✔				
	교과 교재의 특성에 맞는 수업 형태를 적용하였는가?	✔				
교사의 발문	재생적 발문보다 추론, 적용적 발문을 하였는가?		✔			
	학생 수준, 개인차를 고려한 발문을 하였는가?	✔				
	생각하여 답변할 시간을 주는 발문을 하였는가?		✔			
	발문, 학습 자료 활용 등으로 흥미를 충분히 자극하였는가?	✔				
학습 동기 부여	학생의 아이디어에 대한 칭찬 격려를 충분히 하였는가?	✔				
	학습에 호기심을 유도하는 활동을 하였는가?		✔			
교사 기능 발휘	학생이 수업에 도전감을 갖도록 유도하였는가?	✔				
	피드백 정보를 기술적으로 활용하였는가?		✔			
	수업의 난이도를 충분히 조절하였는가?	✔				
	학생의 당황, 지루함, 호기심 등을 주의 깊게 관찰하고 대처하였는가?		✔			
학습 의욕 참여	학습 활동에 집중 및 몰입되도록 분위기 조성을 하였는가?	✔				
	능동적이고 활기찬 분위기를 유지하였는가?	✔				
총계 = 80		60	20			

⑤ 의뢰자의 컨설팅에 대한 평가

컨설팅 과정 평가 체크리스트 〈컨설팅 의뢰 교사용〉 원중초등학교 교사 이○○

<table>
<tr><th colspan="2" rowspan="2">항목</th><th colspan="2">변화 내용</th></tr>
<tr><th>사전</th><th>사후</th></tr>
<tr><td colspan="2">수업 준비를 위해 어느 정도 노력을 하는가?</td><td>열심히 준비한다고 하였지만 막연히 준비함</td><td>수업 설계에 대한 전체적인 안목과 흐름에 대한 파악을 통해 효과적인 노력을 하게 됨</td></tr>
<tr><td colspan="2">발문은 어떤 방식으로 하는가?</td><td>학생 발달이나 수준에 높은 발문을 주로 함</td><td>확산적인 사고나, 수업 목표 행동에 대한 발문을 익히게 됨</td></tr>
<tr><td colspan="2">아동들에 대한 이해와 관심은 어느 정도인가?</td><td>잘해 주겠지. 이 정도 준비했는데 하는 마음이 컸음</td><td>수업 목표에 대한 지향점을 명확히 함에 따라 아이들의 수업에 대한 관심이 더욱 높아짐</td></tr>
<tr><td colspan="2">컨설팅으로 인해 달라진 점이 있는가?</td><td>수업에 대한 막연함으로 인해 수업 설계의 정도 및 과정에 대한 불안한 감정만 가지고 있었음</td><td>수업 설계에 대한 전체적인 안목과 수업 재료 및 과정 재구성의 체계 등에 대한 확인과 조언으로 수업에 대한 체계성을 갖게 됨</td></tr>
<tr><td colspan="2">평가 후 피드백을 해 주는 방법은 어떻게 진행되고 있는가?</td><td>진행되지 않음</td><td>수업 후 협의나 수업 장면 및 결과물에 대한 반성을 통한 교사 스스로의 피드백 시간을 갖게 됨</td></tr>
<tr><td rowspan="3">컨설팅 프로젝트에 대한 전반적인 생각은 어떠한가?</td><td>컨설턴트의 조언이 적절하였는가?</td><td colspan="2" rowspan="3">막연함에 대한 효과적 컨설팅의 경험을 하게 되었고, 수업 준비에서 수업 결과에 이르기까지 확인 또는 나누는 활동을 하게 되어 쓸데없는 소비적 준비의 시간이나 불안함을 해소하게 되었으며, 전체적인 수업에 대한 통제를 경험하고, 내 수업을 나뿐만 아니라 다른 사람이 보고 있다는 의식은 수업에 대한 반성과 또 다른 수업의 기대를 하게 함</td></tr>
<tr><td>컨설턴트의 지원과 조력이 충분했는가?</td></tr>
<tr><td>전체 과정의 통제가 잘 이루어졌나?</td></tr>
</table>

⑥ 본시 수업안

일시	2008. 11. 3. (월) 5교시	학급	3-1	지도교사	이○○	장소	3-1 교실
단원	5. 찰흙의 세계	차시	5차시		교과서	10~11쪽	
학습 주제	찰흙의 성질을 알고 본 것을 입체로 표현하기				수업 모형	개별 학습, 협동 학습	
학습 목표	경험한 것, 기억나는 장면의 움직임을 생각하여 입체로 표현할 수 있다.						
준비물	교사	찰흙, 참고 작품, 파워포인트 참고 작품, 조소용 목각인형(16개)					
	학생	조소용 용구(찰흙칼), 천조각, 줄 등(모둠별 표현 재료), 손걸레					

단계	학습 요소	교수·학습 활동		시간(분)	자료 및 유의점
		교사 발문	학생 예상 반응		
학습 주제 탐색	전시 학습 상기	Ⓣ 지난번에는 우리가 어떤 수업을 해 보았지요? Ⓣ 찰흙판을 사용한 입체 표현하기 부조 표현하기를 해 보았는데 오늘은 무엇을 해 볼까요? 아마 여러분은 이미 예감을 하고 있는 것 같아요!!	Ⓒ 부조로 나타내기요!! Ⓒ 찰흙 만들기요!!	12	파워포인트 단원명
	동기 유발	Ⓣ 여러분은 어떤 수업을 할지 기대하고 있는 것 같아요! Ⓣ 그래요 찰흙을 가지고 어떤 수업을 할지 기대를 하며 시작해 보도록 하죠? Ⓣ 아! 시작하기 전에 찰흙은 어떤 성질을 가지고 있다고 했나요?			

	Ⓣ 그럼 여러분이 말한 찰흙의 특성을 이용해서 무엇인가를 만들어 볼까요? (교사 시범) Ⓣ 아마 오늘 여러분과 함께할 수업 힌트가 될 거예요!!			
	Ⓣ 물렁물렁하고… Ⓣ 떼었다 붙일 수 있고… Ⓣ … 이렇게 만드는 방법은 빚어 만들기라고 해요 그리고 부분으로 붙이기 이렇게 마무리하면…	Ⓒ 물렁물렁해요, 늘어나요, 떼었다 붙일 수 있어요.		실물 화상기 (교사 시범)
	Ⓣ 자, 다 되었다!! 어떤 모습이지? Ⓣ 그래요!! Ⓣ 화장실에서… 볼일을 보는 모습 너무 더러운가? 그러면 찰흙의 성질을 이용해서 이렇게 바꾸면….	Ⓒ 똥 누는 모습!! Ⓒ ^^ Ⓒ 기타 치는 모습		
	Ⓣ 선생님이 만든 작품은 전 시간의 여러분과 만든 부조 작품과 다른 어떤 특징을 가지고 있나요? Ⓣ 그래요. 이렇게 여러 방향에서 볼 수 있는 작품을 환조라고 하는데, 이번 시간에 여러분과 함께 환조 작품을 만들어 보겠습니다.	Ⓒ 여러 방향에서 볼 수 있어요!		실물 화상기 (토우 사진 자료 3)

		Ⓣ 그런데 이런 표현은 선생님만 한 것이 아니라 옛날 우리 조상님들께서도 이런 모습들을 만드셨대요. Ⓣ 화면을 보겠습니다. Ⓣ 어떤 모습들인지 화면을 보면서 자유롭게 이야기해 보세요. Ⓣ 이런 작품들은 박물관이나 전시장에 전시되어 있는데 왜 그럴까? Ⓣ 이런 작품들은 전 시간과 사회시간에도 보았던 토우라고 하는 흙인형인데, 그 시대의 생활의 모습을 흙을 이용해서 실감나게 표현해서 그때의 생활 모습을 알 수 있게 해 준답니다. Ⓣ 그래요, 오늘은 우리 조상님들이 그랬던 것처럼 여러분이 경험했던 모습을 우리 자손들이 알아볼 수 있을 만큼 입체로 실감 나게 표현해 보는 시간을 갖도록 하겠습니다. Ⓣ 오늘 여러분과 공부할 것은…	Ⓒ 엎드려 절하는 모습 Ⓒ 무릎을 꿇은 모습 Ⓒ 악기를 든 모습 Ⓒ 오래된 거라서요. Ⓒ 그 당시의 생활 모습을 볼 수 있기 때문에 그래요.		
	학습 주제 확인	경험한 것, 기억나는 장면의 움직임을 생각하여 입체로 표현하기 Ⓣ 중요한 것은 움직임의 특징을 잘 표현하는 것입니다.			파워 포인트 학습 주제

학습 활동 탐색	학습 활동 안내	Ⓣ 그럼 어떤 과정을 거쳐야 하는지 알아봅시다. Ⓣ 첫 번째, 움직임의 찾기 모둠별로 전 시간에 의논해서 구상한 장면에 맞는 움직임의 특징을 친구들과 표현해 보고 움직임을 목각인형으로 만들어 보도록 하겠습니다. Ⓣ 두 번째, 모둠 장면 속 움직임 입체(환조)로 표현하여 장면 만들기 선생님과 함께 만들어 볼 겁니다. 선생님이 찰흙의 성질을 이용해서 조금 전에 팔을 구부리고 다리를 구부린 것처럼 장면의 모습을 만들어 보도록 하겠습니다. Ⓣ 만들어지는 순서대로 여러분이 각자 표현한 작품을 모둠별로 모아서 구상한 장면을 만들어 보도록 하겠습니다. Ⓣ 세번째 자랑하기 마지막으로 장면을 친구들에게 설명하는 시간을 가져 보도록 하겠습니다.		3	판서 활동
표현		〈활동 1〉 움직임 찾기 Ⓣ 그럼 빠르게 시작해 볼까요! 아마 전 시간에 말했듯이 우리가 오늘 표현할 우리 모둠의 작품 만들기 계획서를 다들 가지고 왔을 텐데 한 번 꺼내 보세요. Ⓣ 다 꺼내었으면 어떤 모둠에서 발표를 해 볼까요? 어떤 모둠에서 어떤 모습을 표현할까? Ⓣ 각자 표현할 움직임을 친구들과 서로 표현해 주면서, 자신이 만들 움직임을 목각인형으로 만들어 보도록 하겠습니다. 시작해 보세요.	Ⓒ 1모둠: 탁구하는 모습 Ⓒ 2모둠: 체육시간 모습 Ⓒ 3모둠: 스케이트 타는 모습 Ⓒ 4모둠: 줄넘기하는 모습 Ⓒ 야, 인형이다. Ⓒ 움직이네요. Ⓒ 신기하네.	5	작품 계획서 (모둠, 개별 구상도) 목각 인형

	Ⓣ 자, 다 움직임을 만들어 보았나요?			
	〈활동 2〉 환조로 표현하기 Ⓣ 그럼 두 번째 활동 '움직임 표현하기'를 시작해 보도록 하겠습니다. Ⓣ 선생님과 함께 만들어 볼 건데, 장면 속의 사람들의 모습을 잘 생각해서 모습을 표현해 보도록 하겠습니다. Ⓣ 빚어 만들기와 부분으로 붙이기 방법을 사용해 보도록 하겠습니다. 일단 하나씩만 만들어 보도록 하겠습니다.		15	실물 화상기 모둠별 찰흙
	Ⓣ 친구들에게 나누어 준 찰흙을 모두 사용할 수 있는 크기로 만들어 보세요. 아마 너무 작게 만들면 흙이 많이 남을 거예요.	Ⓒ 하나만 만들어야 하나요?		
	Ⓣ 크게 만들었는데도 흙이 남으면 그 장면에 들어갈 다른 것들을 만들어 보는 게 좋겠어요. Ⓣ 한번 주물러 볼까? 흙은 이렇게 물렁물렁 유연해서 손쉽게 모양을 만들 수도 있지요. 또 부분을 합쳐서 만들 수도 있고요.	Ⓒ 얼마나 크게 만들어야 하나요.		
	Ⓣ 찰흙을 붙일 때는 전 시간에 배운 대로 찰흙 풀과 빗주걱을 이용하여 붙여 표현하도록 합니다.	Ⓒ 빗주걱 대신 포트나 송곳으로 사용해도 되나요.		

		Ⓣ 그럼요!! 물론 붙인 곳도 잘 정리하도록 합니다. Ⓣ 작품을 만들 때는 즐거운 맘으로…. Ⓣ 선생님이 작품대를 모둠 옆에 두었는데, 그 위에 한번 각자의 작품을 배열해 보도록 하겠습니다. 만든 작품은 모둠별로 구상한 대로 작품대에 올려놓아 보도록 하겠어요. Ⓣ 그래요. 모둠에서 구상한 대로 배치해 보고 움직임을 나타내기 위해 여러분이 준비한 움직임에 적당한 재료로 좀 더 실감나게 표현하면 더욱 좋겠어요.	Ⓒ 맘대로 배치하나요? Ⓒ 줄 사용해도 돼요?		모둠별 준비물 작품 감상대
감상	감상 활동	〈활동 3〉 모둠 장면 이야기하기 Ⓣ 장면을 만들어 보았는지 발표해 보도록 하겠습니다.	Ⓒ 작품 감상하기 Ⓒ 이야기 발표 및 듣기	3	
정리	학습 정리	Ⓣ 오늘은 모둠 속에서 자신이 경험한 모습을 찾아 입체로 표현해 보는 시간을 가져 보았어요. ⇨ 너무들 열심히 참여한 것 같아요. 그리고 너무 실감 나기도 하고요. Ⓣ 그럼 여러분 저번 시간에 나누어 준 작품 계획서에 있는 자기 평가 표현과 태도를 체크해 보도록 하겠습니다.	Ⓒ 내용 확인 및 정리하기 Ⓒ 작품 정리하기	2	실물 화상기 학습지

	차시 예고	Ⓣ 오늘 너무 수고들 많았어요. 그런 의미에서 박수!! 다음 시간에는 여러분이 만든 작품을 보고 좀 더 심하게 자랑하는 시간을 갖도록 하겠어요. Ⓣ 그럼 남은 찰흙은 여기 쉬는 시간을 이용해서 찰흙 통에 넣고 책상 위를 걸레로 닦아 잘 정리하도록 하겠습니다. Ⓣ 이것으로 오늘 수업을 모두 마치도록 하겠습니다.			파워포인트 차시 예고

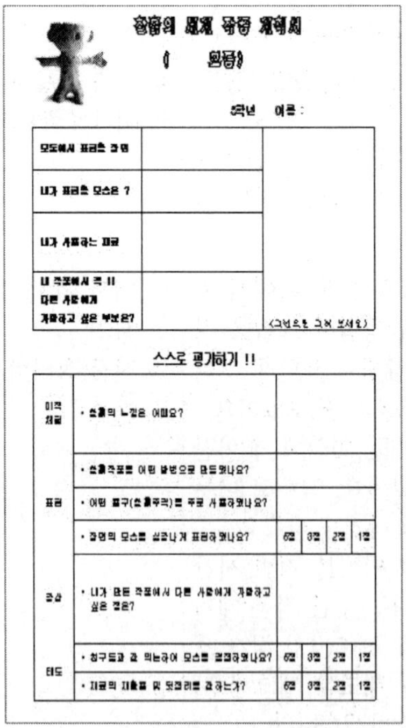

① 목각인형 및 표현 재료

② 수업 장면

③ 수업 결과 완성 작품

④ 컨설팅 장면

2. 평면 표현 수업을 위한 컨설팅 사례

1) 컨설팅 주제: 초등 4학년 8단원 재미있는 표현

(1) 단원 설정의 취지

이 단원에서는 먼저 자신의 생각과 느낌을 우리 주변의 여러 가지 재료를 통해 나타낼 수 있도록 표현 재료들을 탐색하는 능력을 기르는 것이 필요하다. 자신의 생각과 느낌을 정리하여 표현 주제를 정하고 다양하고 창의적인 표현 재료들로 입체 또는 평면으로 표현하도록 한다. 따라서 본 차시에서 학생의 생각과 느낌을 자유롭게 표현하게 하기 위해 전 차시에 학습한 콜라주 기법을 활용해 보도록 한다. 학습한 표현 기법을 자신의 생각이나 느낌을 표현하는 데 효과적으로 활용하도록 하고 표현 효과에 대해 서로 의견을 나누도록 한다.

(2) 차시별 지도 계획

차시	차시별 활동	내용
1	우리 주변의 재미있는 표현 찾아보기	우리 생활 주변에서 볼 수 있는 여러 재미있는 표현들의 참고작품을 작품의 주제, 전체적인 짜임, 표현 의도, 재료와 표현방법들을 찾아 비교하며 분류해 보고 작품의 특징을 여러 가지 언어로 친구들에게 이야기해 보는 활동을 가진다. 그리고 자신이 표현할 표현 주제와 그에 적합한 여러 가지 재료들을 탐색해 보고 구상하는 시간을 가진다.
2~3	콜라주로 표현해 보기	본시 학습에서 표현할 미술 표현 기법인 콜라주를 맛보는 시간을 가진다. 콜라주란 어떤 것인지, 어떤 재료들을 사용하는지 등 콜라주에 대한 이해를 바탕으로 직접 다양한 재료와 주제를 바탕으로 콜라주 작품 활동을 해 본다.
4~5	여러 가지 재료와 방법으로 표현하기 (평면)	전 차시에 활동한 표현 기법을 바탕으로 '가을'에 대한 나의 생각이나 느낌을 여러 가지 재료와 방법으로 표현하는 시간을 가진다. 1) 다양한 참고 자료들을 통해 작품에 사용된 다양한 재료들과 그 작품 안에 담긴 생각 또는 느낌을 이야기해 보기 2) 공통 주제인 '가을'에 대한 자신의 생각과 느낌을 이야기해 보고 재료 탐색 활동을 통해 생각과 느낌을 연결해 보기 3) 콜라주 기법으로 가을에 대한 자신의 생각을 표현해 보기 3) 자기 작품 속 재료, 담긴 생각 등을 이야기해 보기 3) '자기 작품 소개서'를 통해 감상 학습에의 토대를 다지기
6	서로의 작품 감상하기	작품에 관한 느낌과 생각의 차이를 발견하고 주제나 재료, 표현방법의 재미있는 점, 예상하지 못한 효과, 제작상의 어려움 등을 이야기한다. 또한 제작된 작품의 한 부분을 선택하여 표현 방법을 달리해서 표현한다면 그 느낌이 어떻게 다를지도 이야기해 본다.

2) 수업 컨설팅 진행 절차

수업 컨설팅은 주로 컨설턴트와 의뢰인의 면담에 의해 진행되었으며 수업 계획안의 검토와 수업 분석, 수업 검토 등에 대해 이루어졌다. 아래 면담 내용에서 'C'는 컨설턴트, 'T'는 의뢰 교사를 의미한다.

(1) 준비 단계

Ⓒ 안녕하세요. 만나 뵙게 되서 반갑습니다.

Ⓣ 안녕하세요? 올해 경력 5년차인 교사 홍○○입니다. 아이들은 사실적으로 표현하는 데 어려움을 느끼기 때문에 만들기와 꾸미기를 좋아하는데, 아이들이 자신의 생각을 표현할 때 꼭 사실적인 표현 방법이 아니더라도 다양한 표현 방법이 있음을 알려 주고 싶습니다. 특히 만들기와 꾸미기의 특성을 지니면서도 생각을 표현하기에 적합한 콜라주 기법을 활용하는 방법을 생각하고 있습니다.

Ⓒ 그리기 표현 방법이 아닌 다른 표현 방법으로 학생들이 자신의 생각을 자유롭게 표현할 수 있는 수업을 계획하시는군요. 수업 주제와 표현 재료 및 방법이 무엇인지에 따라 컨설팅 내용이 달라지니 수업의 문제를 진단하는 것이 우선적으로 이루어져야 할 것 같습니다.

(2) 실행 단계

① 진단 및 과제 협의

Ⓒ 홍○○ 선생님은 아이들이 콜라주 기법을 그리기보다 선호하는 이유가 무엇이라고 생각하십니까?

Ⓣ 학생들이 사실적으로 그려야 된다는 부담감이 적기 때문이며, 그

리기 활동보다는 오리거나, 찢거나 붙이기 활동을 더 흥미롭게 생각하기 때문입니다. 그래서 콜라주 기법을 다양하게 활용하도록 지도하고 싶습니다.

Ⓒ 선생님께서 특히 표현 재료와 표현 방법 지도에 관심을 갖는 이유는 무엇입니까?

Ⓣ 어떤 표현재료를 사용하느냐에 따라 아이들의 표현 의욕뿐만 표현 수준까지 차이가 나기 때문입니다.

Ⓒ 콜라주 기법을 활용해서 표현하기 적합한 주제는 무엇이라고 생각하십니까?

Ⓣ 연상 또는 상상과 관련된 주제라고 생각합니다. 사물을 자세히 그리지 않고도 오리거나 찢어 화면에 배치함으로써 자신의 생각을 표현할 수 있기 때문입니다.

Ⓒ 선생님의 의도대로 수업을 진행하기 위해서는 효과적인 동기유발 자료와 함께 주제 표현에 적합한 콜라주 재료의 준비가 중요한 것 같습니다.

수업 컨설팅 협약서

〈의뢰인용〉

성명	홍○○	교육경력	5.05년
소속 학년	4학년	전공	과학교육
의뢰 영역	여러 가지 재료와 방법으로 표현하기		
의뢰 사유	새로운 표현 방법 지도 방안		
의뢰 사항	수업 설계 및 동기유발 자료 개발과 활용방안 연구		

의뢰인 홍○○는 위와 같은 수업 컨설팅을 받고자 하며 본인이 이러한 과제를 해결하는 데 적극적으로 노력할 것을 약속합니다.

2008년 7월 8일

의뢰인 홍○○ (인)

성명	김○○	교육경력	16.04년
소속 기관	○○대학교	전공	미술교육
컨설팅 경력	수업 컨설팅 연구 및 매뉴얼 개발		

컨설턴트 김○○는 위와 같은 의뢰인의 과제를 해결하는 데 적극적으로 지원할 것을 약속합니다.

2008년 7월 8일

컨설턴트 김○○ (인)

② 수업 설계 협의

수업 설계 계획 수립하기

컨설팅 주제		콜라주 기법을 활용한 새로운 표현 방법
의뢰인		홍○○
컨설턴트		김○○
의뢰인 진단		• 새로운 표현 방법을 활용하면서 학생들이 표현 활동에 자신감을 갖도록 하는 데 관심이 많은 교사임 • 단순하게 종이를 찢어 붙이는 기존의 콜라주 기법에서 벗어나 주제 표현을 효과적으로 할 수 있는 방법으로 콜라주 기법을 활용하는 방안을 고민하고 있음
컨설팅 내용	미술과 교육과정	미술 4학년 여러 가지 재료와 방법으로 표현하기
	수업 모형	개별 학습
	자료제작 방법	• 다양한 콜라주 기법을 활용한 미술작품 중심 PPT 자료 제작 • 콜라주 미술 작품 감상 학습지, 작품 제작 계획서
진단 및 의견		• 미술 수업에 열정이 많으며 특히 새로운 표현 방법을 지도하는 데 관심이 높음 • 콜라주 방법으로 느낌과 생각을 표현하는 데 한계가 있음

협의 후 상담 일지 작성하기

의뢰인	홍○○	컨설턴트	김○○	회기	제	회
일시	2008년 9월~11월	상담 방법		면담	전화	온라인
				○		○
내용	상담 일시: 2008년 9월 (면담) 준비 단계: • 홍○○ 교사는 학급 학생들이 미술교과에 대한 흥미도가 높음을 발견하고 다양한 표현 방법을 학생들에게 교육함으로써 즐겁고 역동적인 미술 수업을 진행하고 싶은 욕구가 높았다.					

내용

- 특히 학생들이 만들기와 꾸미기 활동을 그리기 활동보다 선호하는 이유가 사실적 표현에 대한 자신감의 부족에서 비롯된다고 보았다. 학생들이 선호하는 활동으로 학생들의 생각이나 느낌을 표현하도록 하기 위한 방안을 고민하고 있었다.
- 홍○○ 교사는 콜라주 기법은 만들기 또는 꾸미기 활동의 일부 특성을 포함하며 동시에 여러 이미지를 합성 또는 변형시키면서 학생들이 자신의 생각이나 느낌을 자유롭게 표현할 수 있다고 믿고 있었다.
- 교사의 수업 의도에 적합한 참고 작품의 선정 및 작품 내용과 표현 방법에 대한 수업자료의 제작과 관련된 컨설팅을 의뢰했다.
- 학생들이 콜라주 기법에 대해 어느 정도 이해하고 있는지 진단하고 생각과 느낌을 표현하는 방법으로 콜라주 기법을 효과적으로 활용하도록 지도하는 방안을 찾기로 협의했다.

상담 일시: 2008년 10월 (면담)
실행 단계: 문제 진단

- 의뢰인은 학생들에게 콜라주 기법을 활용한 경험과 주로 활용한 재료, 표현한 내용 등에 대해 질문 했다.
- 조사 결과 현재 초등학교에서 활용된 콜라주 기법은 단순하게 잡지 사진의 이미지를 찢거나 오려서 새롭게 조합하여 다른 이미지로 변화시키거나, 모자이크처럼 종이를 잘게 찢어 붙여 문양 또는 형상을 꾸미는 방법이었다.
- 두 가지 방법 이외에도 다양한 콜라주 기법을 학생들에게 소개하기 위해 미술가들이 활용한 방법을 조사 했다. 미술가들이 신문지 · 헝겊 · 벽지 · 인쇄물 또는 일상생활용품 등을 화판이나 캔버스에 붙이고 그림과 병치시켜 작품을 제작한 방법, 피카소, 브라크 등이 종이, 나무, 리놀륨, 신문지 조각을 유화 위에 덧붙여 추상적 또는 반추상적 구도를 표현한 방법, 에른스트의 오래된 판화와 인쇄물을 교묘하게 잘라 붙인 표현 방법, 슈비터스의 끈이나 넝마 조각, 나무토막, 철사, 못을 붙인 표현 방법, 로버트 라우센버그의 신문과 잡지사진을 실크스크린 인쇄물과 결합한 방법 등을 조사했다.
- 학생들이 다양한 콜라주 기법을 이해하고 활용하면서 자신의 생각이나 느낌을 자유롭게 표현할 수 있도록 관련 미술작품들을 보여 주고 기법, 재료 등을 탐색하도록 했다.

내용	상담 일시: 2008년 10월 (온라인) 실행 단계: 예비 수업 지도안 분석 • 의뢰인의 수업 방식을 알기 위해 컨설턴트가 수업 설계에 전혀 관여하지 않고 의뢰인에게 지도안을 계획하고 메일로 보내도록 했다. • 예비 수업 지도안을 분석한 뒤 다음과 같은 제안을 했다. 첫째, 콜라주 표현에 활용할 수 있는 재료 탐색을 위해 일상생활에서 발견할 수 있는 재료들을 수집하고 분류해 보는 과정을 수업에 포함시켜 학생들이 자신의 생각과 느낌을 재료와 관련지어 보도록 했다. 둘째, 수업 목표 진술을 명료하게 하고 학생 수준에 맞는 용어를 사용하도록 한다. '가을에 대한 나의 생각이나 느낌을 다양한 재료와 방법으로 재미있게 표현할 수 있다.'는 학습목표에는 교사가 수업 컨설팅을 의뢰한 수업 의도가 명료하게 드러나 있지 않다. '콜라주 기법을 활용하여 생각이나 느낌을 표현할 수 있다.'로 학습목표를 설정함으로써 수업의 핵심 내용을 학생들이 알 수 있도록 해야 한다. 셋째, 수업 동기유발을 위한 참고작품 선정이 다양한 콜라주 기법을 소개할 수 있는 작품으로 구성되도록 했다. 피카소, 브라크, 남관, 박불똥, 마티스, 에른스트의 작품을 보여 주고 각 작품에 활용된 재료와 방법을 탐색하면서 콜라주 기법의 특성을 이해하도록 했다. 상담 일시: 2008년 10월 (면담) 수업 설계: 예비수업 반성 및 본 수업 설계 • 예비 수업 지도안에서 발견한 우수한 점을 말하고 본 수업 설계에서 수정되어야 할 내용을 다음과 같이 설명했다. 첫째, 마인드맵으로 자신의 생각이나 느낌을 정리하도록 하고 표현하는 데 효과적인 재료를 선택하며 표현 방법을 결정하는 과정이 수업에 포함되어야 한다. 둘째, 생각과 재료, 느낌과 재료, 표현 방법 등을 생각하고 계획할 수 있는 과정이 포함되도록 하고 이를 위해 학습지를 활용하도록 한다. 셋째, '나의 작품 소개서 쓰기'의 내용을 작품의 제목, 사용한 재료, 표현 의도 또는 표현 내용 등과 관련된 항목으로 제한하여 학생들이 수업시간 내에 작성할 수 있도록 한다.

③ 컨설팅 내용

평가에 대한 컨설팅

표현과 감상에 대한 평가가 종합적으로 이루어지도록 한다. 평가 영역별로 평가 내용을 정하고 적합한 평가 방법을 선택한다. 또한 '자기 작품 설명서'를 활용하여 표현과 감상 영역의 평가가 종합적으로 이루어지도록 한다.

표현 의도, 표현 방법, 표현 효과 등에 대한 자기 평가가 콜라주 미술 작품 감상에서 이해한 용어 중심으로 진술되도록 한다.

자기 평가서에 대한 컨설팅

표현과 감상 활동에 대한 종합적 평가를 하기 위해 '나의 작품 소개서'에 자기 평가지를 추가하도록 했다.

나의 작품 소개서

원중초등학교 4학년 1반 이름:

작품 제목	
사용된 재료	
작품에 담긴 나의 가을에 대한 생각	
제 작품에서 이 부분은 꼭 신경 써서 봐 주세요!	

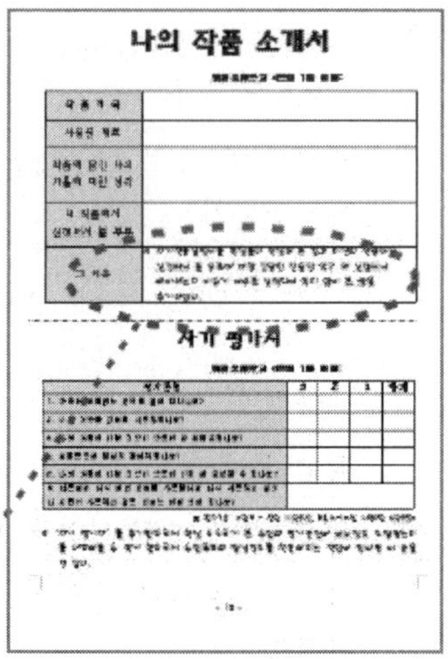
나의 작품 소개서

자기 평가지

그 이유	※ 자기 작품 설명서를 학생들이 작성해 본 결과 자신의 작품에서 신경 써서 볼 부분에 대한 간단한 진술만 있고 왜 신경 써서 봐야 하는지 이유가 대부분 설명되어 있지 않아 본 란을 추가하였다.

학습지에 대한 컨설팅

학습지의 내용은 학생 수준에 적합한 내용과 양을 고려하여 제시되어야 한다. 특히 작품 제작 활동 관련 미술품을 능동적으로 탐색하도록 하기 위한 발문과 탐색한 내용을 자신의 작품 제작 계획에 반영할 수 있도록 학습지를 계획한다.

④ 의뢰자의 자기 수업 분석

수업 분석 자기 체크리스트 〈컨설팅 의뢰 교사용〉 원중초등학교 교사 홍○○

평가 준거	평가 관점	평가점				
		5	4	3	2	1
목표 제시 명료성	수업 목표를 명확하게 제시하였는가?	✔				
	본 수업과 지난 수업의 내용이 관련되어 제시되었는가?	✔				
	수업 중 핵심적인 내용 요약을 적절히 제시하였는가?	✔				
수업 과정 형태	교과, 교재의 특성에 맞는 수업 과정 모형을 적용하였는가?	✔				
	교과 교재의 특성에 맞는 수업 형태를 적용하였는가?		✔			
교사의 발문	재생적 발문보다 추론, 적용적 발문을 하였는가?		✔			
	학생 수준, 개인차를 고려한 발문을 하였는가?	✔				
	생각하여 답변할 시간을 주는 발문을 하였는가?	✔				
	발문, 학습 자료 활용 등으로 흥미를 충분히 자극하였는가?	✔				
학습 동기 부여	학생의 아이디어에 대한 칭찬 격려를 충분히 하였는가?	✔				
	학습에 호기심을 유도하는 활동을 하였는가?		✔			

교사 기능 발휘	학생이 수업에 도전감을 갖도록 유도하였는가?		✔			
	피드백 정보를 기술적으로 활용하였는가?		✔			
	수업의 난이도를 충분히 조절하였는가?		✔			
	학생의 당황, 지루함, 호기심 등을 주의 깊게 관찰하고 대처하였는가?			✔		
학습 의욕 참여	학습 활동에 집중 및 몰입되도록 분위기 조성을 하였는가?		✔			
	능동적이고 활기찬 분위기를 유지하였는가?		✔			
총계 = 75		40	32	3		

⑤ 의뢰자의 컨설팅에 대한 평가

컨설팅 과정 평가 체크리스트 〈컨설팅 의뢰 교사용〉 원중초등학교 교사 홍○○

항목	변화 내용	
	사전	사후
수업 준비를 위해 어느 정도 노력을 하는가?	미술과의 수업은 학급운영 사이트에서 특별한 작품 활동을 하거나 교과서의 표현 작품을 해 보는 등 이외의 연구 활동은 거의 없었음	미술과 교육과정을 기초로 지도하게 될 각 단원의 학습 목표를 살피고 목표 달성을 위한 지도 계획을 세워 어떻게 하면 좋을지를 멘토와 협의하는 과정을 통해 한층 심도 있는 연구 활동을 함
발문은 어떤 방식으로 하는가?	미술 수업에서의 발문은 아주 단순하며, 수렴적 발문 위주의 발문을 하였음	수업 목표를 이루는 데 필요한 발문법을 고민하게 됨. 미적 체험 활동뿐만 아니라 표현 활동에서도 아동의 다양한 생각을 수렴하고 발산할 수 있는 발문을 고민하게 됨

<table>
<tr><td colspan="2">아동들에 대한 이해와 관심은 어느 정도인가?</td><td>아동들이 하고 싶어 하는 활동을 물어봐서 하는 정도였으며, 아이들의 상황이나 선수 학습 상황 등을 고려하지 않고 수업에 임함</td><td>설문지법과 관찰법을 통해 현재 아이들의 표현 기법이나 미술 교과와 관련되어 기대하는 점, 어려워하는 점, 발달 정도에 대한 필요성을 느낌</td></tr>
<tr><td colspan="2">컨설팅으로 인해 달라진 점이 있는가?</td><td colspan="2">미술 수업이라며 그저 아이들을 자유롭게 하는 시간이라고 여기고 부담을 갖지 않았는데, 아이들이 경험하고 표현해야 될 미술교과의 학습 요소에 대하서 새삼 알게 되고 열심히 해봐야겠다는 생각이 들었음</td></tr>
<tr><td colspan="2">평가 후 피드백을 해 주는 방법은 어떻게 진행되고 있는가?</td><td>칠판 앞에 활동을 끝낸 아동 작품을 전시하고 친구 평가 활동을 통해 피드백을 주는 활동을 함</td><td>활동을 반성하는 자기평가에 대한 방법을 고민하게 되었으며, 다음시간을 통해 환류적 지도의 필요성을 느낌</td></tr>
<tr><td rowspan="3">컨설팅 프로젝트에 대한 전반적인 생각은 어떠한가?</td><td>컨설턴트의 조언이 적절하였는가?</td><td colspan="2" rowspan="3">학습 목표에 대한 이해조차 제대로 하지 못했던 처음에는 수업의 무게감으로 인해 답답하기만 하였으나, 미술과 컨설턴트와의 오리엔티어링과 여러 협의 활동을 통해 많은 도움을 얻을 수 있었으며, 의문 사항이나 어려움, 확신이 없을 경우 조언을 얻을 수 있었음. 또한 수업이 끝난 다음에는 환류 작업과 협의를 통해 다음에는 더 좋은 수업을 할 수 있을 것이라는 기대와 희망을 가질 수 있었음</td></tr>
<tr><td>컨설턴트의 지원과 조력이 충분했는가?</td></tr>
<tr><td>전체 과정의 통제가 잘 이루어졌나?</td></tr>
</table>

⑥ 본시 수업안

<table>
<tr><td>일시</td><td>2008. 10. 28. (월)
3~4교시</td><td>학급</td><td>4-1</td><td>지도
교사</td><td>홍○○</td><td>장소</td><td>4-1 교실</td></tr>
<tr><td>단원</td><td>8. 재미있는 표현</td><td>차시</td><td colspan="2">4~5차시/
6차시</td><td>교과서</td><td colspan="2">32~33쪽</td></tr>
<tr><td>학습
주제</td><td colspan="4">여러 가지 재료와 방법으로 표현하기</td><td>수업
모형</td><td colspan="2">모둠별 개별 학습</td></tr>
<tr><td>학습
목표</td><td colspan="7">가을에 대한 나의 생각을 다양한 재료와 방법으로 재미있게 표현할 수 있다.</td></tr>
<tr><td rowspan="2">준비물</td><td>교사</td><td colspan="6">파워포인트 자료, 하드보드지(16절), 고무찰흙, 풀, 본드, 낙엽, 감상 학습지
※ 기존의 8절 화지 수업이 작품을 완성하는 데 시간이 많이 걸려 16절지로 변경함</td></tr>
<tr><td>학생</td><td colspan="6">낙엽, 가을에 대한 자신의 생각, 느낌을 표현하기 적합한 재료들 각자 준비</td></tr>
</table>

<table>
<tr><th rowspan="2">단계</th><th rowspan="2">학습 요소</th><th colspan="2">교수 · 학습 활동</th><th rowspan="2">시간
(분)</th><th rowspan="2">자료(☆) 및
유의점(★)</th></tr>
<tr><th>교사 발문</th><th>학생 예상 반응</th></tr>
<tr><td>도입</td><td>동기
유발
및
전시
학습
상기</td><td>■ 재미있는 콜라주 작품 감상

Ⓣ 이 작품에서 사용된 숨은 재료를 찾아봅시다.

Ⓣ 이 작품을 만든 사람은 어떤 생각을 하면서 이런 작품을 만든 것일까요?</td><td>■ 작품 감상
화면에 나온 작품을 살펴본다.
Ⓒ 종이, 잡지, 사진…
Ⓒ 사람 사진, 인형사진, 건물 사진이 여러 개 있어요.
Ⓒ 걸리버 여행기의 이야기를 나타낸 것 같아요!
Ⓒ 전쟁으로 피난 가는 모습인 것 같아요.</td><td>9</td><td>☆ 파워포인트 자료(콜라주 작품)
※ 참고 작품 3개를 보여 주고 사용된 재료와 표현된 생각을 나눔(참고 자료 사진 뒷장첨부)</td></tr>
</table>

학습 주제 탐색	공부할 문제 파악	■ 전시 학습 상기 Ⓣ 지난 시간에는 콜라주로 표현하는 활동을 해 보았습니다. 콜라주란 어떤 것이었지요? Ⓣ 네. 오늘 이 시간에는 여러분들의 생각이나 느낌을 콜라주로 표현해 보는 활동을 해 보도록 하겠습니다. 가을에 대한 나의 생각을 다양한 재료와 방법으로 재미있게 표현해 보자.	Ⓒ 사진이나 신문, 책, 종이를 찢거나 오려 붙이는 것이요. Ⓒ 털실이나 단추 같은 것도 붙였어요.		★지난 시간에 활동한 작품들을 몇 개 보여 주며 콜라주란 어떤 것인지를 다시 한 번 확인해 본다. ※ 공부할 문제의 어미는 '-해 보자'로 끝내는 것이 좋음.
전개		■ 활동 안내 활동1〉 가을에 대한 내 생각이야기하기 활동2〉 가을에 대한 내 생각을 재미있게 표현하기 활동3〉 나의 작품 소개서 쓰기		1	
표현 방법 탐색 및 선택	기본 활동 1	■ 가을에 대한 내 생각을 이야기하기 Ⓣ 이번 시간에는 '가을'에 대한 나의 생각을 꼴라주로 표현해 볼 거예요. 가을 하면 여러분은 어떤 생각이 떠오르나요?	■ 가을에 대한 내 생각을 이야기하기 Ⓒ 낙엽이요. Ⓒ 독서의 계절! Ⓒ 시원해요. Ⓒ 곡식이 많아져서 기분이 좋아요! Ⓒ 제가 태어난 생일이 있어요!	8	★가을에 대한 사건만 발표하는 경우 그로 인해 어떤 생각이나 느낌이 드는지를 추가 발문하여 학

		Ⓒ 메뚜기나 잠자리도 볼 수 있어요. Ⓒ 가을 운동회 기억이 나요.		생이 충분히 구상할 수 있도록 한다.
	Ⓣ 가을에 대해서 생각나는 것들이 굉장히 많은데 이것들을 마인드맵 활동으로 정리해 봅시다. 가을 하면 생각나는 단어들을 마인드맵으로 작성해보세요.	'가을' 하면 떠오르는 생각들을 마인드맵으로 정리하기		
	Ⓣ 마인드맵 활동을 다 마쳤나요? 그럼 오늘 가을에 대한 생각을 표현하기 위해 준비해 온 재료들을 한번 살펴봅시다. 어떤 재료들을 준비해 왔는지 얘기를 좀 들어볼까요?	Ⓒ 가을 나무를 표현하려고 나뭇가지와 낙엽을 가져왔어요. Ⓒ 잡지랑 책도 가져왔어요.		★예시 자료를 보여주어 학생들의 이해를 돕는다.
	Ⓣ 그럼 이번에는 마인드맵 종이 위에 가져온 재료들을 올려놓아 볼 텐데 가을에 대해 적은 생각에 어울리는 재료를 그 위에 올려놓아 보는 거에요. 재료들을 생각 위에 올려 놓을 때는 왜 그렇게 올려놓았는지 모둠 친구들에게 이야기해 주고 모둠 친구들은 어떻게 생각하는지도 이야기해 보세요.	Ⓒ 네, 알겠어요. Ⓒ 나는 '허수아비'라는 단어에 나뭇가지를 올려놓았어. 허수아비는 나무로 만들고, 또 쓸쓸한 느낌이 들잖아. Ⓒ 나는 나뭇가지를 가을 나무에 연결했어!	10	※ 활동1에서 마인드맵 활동을 통해 '가을'에 대한 생각을 펼치고, 그 단어 위에 준비한 재료 중에서 어울리는 것을 찾아보는 재료 탐색 활동을 좀 더 심도 있게 하기 위

		Ⓣ 자신이 적은 생각과 재료를 연결한 것을 발표해 볼까요?	Ⓒ 저는 가을 하면 생각나는 것이 긴 옷인데 이것에 따뜻한 느낌이 나는 천을 올려놓았어요. Ⓒ 저는 가을 나무 위에 나무판자를 연결했는데 나무판자가 나무로 만들어졌으니까 나무 느낌이 잘 날 것 같아요.		해 모둠원들과의 나눔과 전체 나눔의 시간을 가짐
	기본 활동 2	Ⓣ 다양한 생각들을 했군요. 잘했습니다. ■ 가을에 대한 내 생각을 재미있게 표현하기 Ⓣ 가을하면 떠오르는 생각과 재료를 연결해 보았으니 이제 연결했던 것을 바탕으로 재미있게 표현해 보는 시간을 가지도록 하겠습니다. Ⓣ 친구랑 같이 가을의 생각을 표현하고 싶다면 둘 혹은 셋이 함께해도 좋아요. Ⓣ 밑그림이 필요한 경우에는 그려도 되지만 너무 밑그림을 그리는 데 많이 시간을 보내지 않도록 간략하게만 그려보세요. Ⓣ 풀로 붙지 않는 경우 본드나 테이프를 사용해 보세요.	■ 가을에 대한 내 생각을 재미있게 표현하기 Ⓒ 와! 재미있겠다. Ⓒ 친구랑 같이 해도 되요? Ⓒ 밑그림 그리고 붙여요? Ⓒ 재료가 잘 붙지 않아요.	40	☆각자 준비해 온 재료들 ★표현재료와 용구 사용 시 안전에 유의하며 창의적이고 재미있는 표현활동이 될 수 있도록 지도한다. ※개인의 생각이 표현되는 활동이기 때문에 개인 표현 활동으로만 진행했는데 마음이 맞

					는 학생들은 협동함으로써 더 새로운 표현의 시간이될수있을것같음
감상	기본 활동 3	■ 나의 작품 소개서 쓰기 Ⓣ 활동을 끝마친 학생들은 앞에서 자신의 작품을 소개하는 시간을 가져 봅시다. 작품의 제목, 작품을 만드는 데 사용된 재료, 작품에 담긴 가을에 대한 나의 생각 등을 간단하게 이야기해 볼까요? Ⓣ 남은 시간 동안에는 자신의 작품을 소개하는 '나의 작품 소개서'와 자기 평가서를 작성하세요. 다음 시간에 작성한 소개서를 가지고 미술관 감상 활동을 할 테니 정성껏 작성해 주세요.	■ 나의 작품 소개서 쓰기 Ⓒ 나의 작품을 소개하기 Ⓒ 친구의 작품 감상하기 Ⓒ 자기 작품 소개서와 자기 평가표를 통해 작품의 제목, 사용된 재료, 작품에 담긴 가을에 대한 나의 생각, 작품 중 가장 강조하고 싶은 부분과 그 이유를 적고 자신의 활동을 스스로 평가해 본다.	10	☆감상학습지 - 나의작품소개서 ★먼저 표현 활동을 끝낸 학생부터 감상학습지를 배부받아 교실이 소란스러워지지 않도록 정돈한다. ※자기평가서 활동을 추가함(부록 참고)
정리	학습 정리	■ 내용 정리 Ⓣ 오늘은 다양한 재료를 가지고 가을에 대한 여러분의 생각과 느낌을 재미있게 표현해 보았습니다. 재미있었나요? Ⓣ 열심히 잘했습니다.	■ 내용 확인 및 정리 Ⓒ 작품 정리하기 Ⓒ 네~!!!	2	

	차시 예고	■ 차시 예고 Ⓣ 다음 시간에는 오늘 만든 작품을 가지고 오늘 작성한 '자기 작품 소개서'로 서로의 작품을 감상하는 시간을 가지겠습니다.			

① 수업 장면

② 학생 재료 탐색 활동

③ 학생 표현 활동

④ 수업 후 협의

3. 색채 수업을 위한 컨설팅 사례

1) 컨설팅 주제: 초등 3학년 3단원 여러 가지 색

이 단원에서는 자연과 생활 주변에서 색의 아름다움과 변화에 관심을 갖도록 하고 여러 가지 색에 대한 느낌을 표현하도록 한다. 특히 자연물과 조형물에서 색의 특징을 살펴보고, 삼원색과 10색상환의 색 이름을 알고 주변에서 10색상환의 색을 발견하도록 한다. 따뜻한 색과 차가운 색들에 대해 이야기해 보고 색의 느낌을 살려 표현하도록 한다. 색에 대해 민감하게 반응하도록 하면서 학생들에게 색감이 형성될 수 있도록 하며, 색감을 살려 생활에 필요한 용품을 만들어 보도록 한다.

(2) 차시별 지도 계획

차시	차시별 활동	내용
1~2	주변에서 색 찾아보기 기본색 10색상환 알아보기	• 교내 화단에서 자연물의 다양한 색들 찾아 이름 붙이기 • 주변 사물의 다양한 색들을 찾아 이름 붙이기 • 10색상환의 이름 알아보고 주변에서 발견한 색과 비교해 보기 • 유사색과 반대색 찾아보고 분류해 보기 • 마인드맵을 활용해 색의 느낌 찾아가기 • 유사색으로만, 반대색으로만 색을 배치하여 평면으로 꾸며 보기
3~4	여러 가지 색으로 느낌 표현하기	• 여러 가지 색의 느낌 이야기하기 • 모둠별로 색 모음 판에 자신이 수집한 색을 분류하고 느낌 이야기하기 • 잡지, 사진자료를 수집하여 색의 조화에 대해 이야기하기 • 색점토를 이용하여 혼색의 과정 이해하고 10색상환 만들기

5~6	여러 가지 색을 배치하여 생활에 필요한 것 꾸미기	• 여러 가지 색이 생활에 이용되는 예 살펴보기 • 생활용품에 활용된 색들의 배색 비교하고 느낌 이야기하기 • 색의 어울림을 생각하여 생활용품 만들기 • 여러 가지 색으로 꾸민 생활용품 전시하고 감상하기

2) 수업 컨설팅 진행 절차

수업 컨설팅은 주로 컨설턴트와 의뢰인의 면담에 의해 진행되었으며 수업 계획안의 검토와 수업 분석, 수업 검토 등에 의해 이루어졌다. 다음 면담 내용에서 'C'는 컨설턴트, 'T'는 의뢰 교사를 의미한다.

(1) 준비 단계

Ⓒ 안녕하세요. 만나 뵙게 돼서 반갑습니다.

Ⓣ 안녕하세요? 올해 경력 9년차인 교사 김○○입니다. 동료교사와 함께 미술 수업 개선에 대해 고민하고 있던 중 컨설팅을 의뢰하게 되었습니다. 아이들에게 색 이름을 어느 정도 알고 있나 조사해 보니 5~9개 정도의 색 이름을 아는 아이들이 70% 이상이었고 10개 이상의 색 이름을 아는 아이들이 29%였습니다. 그러나 색채에 대한 이해가 매우 낮아서 삼원색 또는 색채 관련 용어에 대해 대부분 알고 있지 못했습니다. 아이들이 생각이나 느낌을 선과 형을 활용해서 표현하고 색 활용은 느낌이나 생각과 연결시키지 않는 경우가 많습니다. 아이들이 풍부한 색감을 표현할 수 있도록 하고 싶습니다.

Ⓒ 학생들이 색을 느낌이나 생각과 연결해 활용하면서 풍부한 색감을 갖도록 하는 수업을 계획하시는군요. 수업 주제에 따라 컨설팅 내용이 달라지니 계획하시려는 수업의 문제 진단이 우선적으로 이루어져야 할 것 같습니다.

(2) 실행단계

① 진단 및 과제 협의

Ⓒ 김○○ 선생님이 생각하시는 색채 수업의 가장 큰 문제점은 무엇입니까?

Ⓣ 학생들은 색을 단순하게 그림을 예쁘게 보이기 위해, 또는 사실과 같은 색을 사용하여 그림이 더욱 사실적으로 보이도록 하기 위해 사용한다는 것입니다. 또한 색으로 느낌이나 생각을 표현할 수 있다고 생각하는 학생들이 매우 적은데 이는 색채 교육이 체계적으로 교육되지 못했기 때문이라고 생각합니다.

Ⓒ 선생님께서는 색의 다양한 느낌과 풍부한 색감을 경험하도록 하기 위해 어떤 재료가 좋다고 생각하십니까?

Ⓣ 수채 물감이 가장 좋다고 생각합니다. 그 이유는 크레파스의 경우 아이들이 색을 혼합하여 만들어 쓰기보다는 이미 공장에서 만들어져 나온 다양한 색을 골라 쓰기 때문에 색에 대한 감각을 길러 주는데 도움이 되지 않습니다. 색연필, 사인펜 등도 단순한 기본색 외에는 색 혼합을 하여 사용하기 어렵습니다.

Ⓒ 수채 물감이 색 채험을 하기에 좋은 재료이지만 색 혼합을 잘 하기 위해 몇 가지 규칙을 아이들한테 지도해야 할 것입니다. 또한 다양한 색 체험을 중심으로 수업을 계획함으로써 색으로 느낌을 표현할 수 있다는 전제 아래 수업 내용을 구성해야 합니다. 또한 색 체험하기에 좋은 재료가 느낌을 표현하기에 가장 적합한 재료인지도 검토가 필요합니다.

Ⓣ 수업 계획에 맞추어 색채 수업에 맞는 재료를 검토해 보도록 하겠습니다.

수업 컨설팅 협약서

〈의뢰인용〉

성명	김○○	교육경력	9.05년
소속 학년	3학년	전공	과학교육
의뢰 영역	여러 가지 색		
의뢰 사유	기본 10색상환의 다양한 느낌과 풍부한 색감을 경험		
의뢰 사항	수업 설계 및 동기유발 자료 개발과 활용방안 연구		

의뢰인 김○○는 위와 같은 수업 컨설팅을 받고자 하며 본인이 이러한 과제를 해결하는 데 적극적으로 노력할 것을 약속합니다.

2008년 3월 20일

의뢰인 김○○ (인)

성명	김○○	교육경력	16.04년
소속 기관	○○대학교	전공	미술교육
컨설팅 경력	수업 컨설팅 연구 및 매뉴얼 개발		

컨설턴트 김○○는 위와 같은 의뢰인의 과제를 해결하는 데 적극적으로 지원할 것을 약속합니다.

2008년 3월 20일

컨설턴트 김○○ (인)

② 수업 설계 협의

수업 설계 계획 수립하기

컨설팅 주제		기본 10색상환의 다양한 느낌과 풍부한 색감의 경험
의뢰인		김○○
컨설턴트		김○○
의뢰인 진단		• 색채교육에 관심이 많은 교사로서 학생들이 색에 대한 감(感)을 가질 수 있도록 다양한 경험을 제공하려는 의욕이 강함 • 학생들이 색 이름과 색채 이론을 암기하는 것이 아닌 체험에 의해 습득하고 활용할 수 있도록 하기 위해 3학년 수준에 적합한 색상 교육 방안이 있음
컨설팅 내용	미술과 교육과정	미술 3학년 3단원 여러 가지 색
	수업 모형	개별 학습, 협동 학습
	자료제작 방법	• 10색상환을 기본으로 다양한 색상체험 자료 개발 • 놀이와 연계한 색상 체험 동기유발 자료 제작
진단 및 의견		• 체험 중심의 색상 지도 방법에 관심이 높음 • 학생 수준에 맞는 지도 내용과 방법을 정해야 함

협의 후 상담 일지 작성하기

<table>
<tr><td>의뢰인</td><td>김○○</td><td>컨설턴트</td><td>김○○</td><td>회기</td><td colspan="2">제 회</td></tr>
<tr><td rowspan="2">일시</td><td rowspan="2">2008년 3월~5월</td><td rowspan="2" colspan="2">상담 방법</td><td>면담</td><td>전화</td><td>온라인</td></tr>
<tr><td>○</td><td></td><td>○</td></tr>
<tr><td>내용</td><td colspan="6">상담 일시: 2008년 3월 (면담)
준비 단계:
• 색채 교육의 문제점, 즉 색 이름 외우기, 차가운 색, 따뜻한 색으로 구분하여 색에 대한 느낌을 지식적으로 습득하도록 하는 색 단원에서의 문제점을 해결하기 위해 고민하고 있는 김○○ 교사는 색채 수업이 체계적으로 이루어져야 한다는 확신 아래 아이들에게 체험 중심으로 수업할 수 있는 방법을 찾고 있었다.</td></tr>
</table>

내용

- 10색상환의 색을 알고 이용해서 색으로 느낌을 표현하는 활동으로 연결되어야 하는데 색상에 대한 체험이 제한적으로 이루어짐에 따라 색이 지고 있는 정형화된 느낌, 즉 파란색은 차가운 느낌, 빨강색은 따뜻한 느낌 등과 같이 색을 인지하고 표현하는 활동만 이루어지는 문제를 해결하기 위해 수업 컨설팅을 의뢰했다.
- 학생들의 기본색에 대한 이해 정도를 진단하고 학생들이 혼색을 체험하기에 적합한 새로운 재료를 찾아 문제 해결 방안을 찾기로 협의했다.

상담 일시: 2008년 4월 (면담)
실행 단계:

- 의뢰인은 학생들이 색의 3원색을 알고 있는지 조사하기 위해 교과서에 제시된 10색상환에서 색의 3원색을 찾아보도록 했다. 또한 두 가지 색이 혼합된 색을 찾아보도록 했다.
- 조사 결과 일부 학생은 빨강, 파랑, 노랑으로 3원색을 알고 있었으나, 일부 학생들은 순색이 아닌 두 가지 이상이 혼색된 주황, 연두, 보라 등을 3원색에 포함시켰으며, 몇몇 학생들은 검은색, 흰색, 금색 등이 3원색이라고 답하면서 10색상환에는 3원색이 없다고 했다.
- 학생들이 순색과 혼합색을 구분하지 못하는 이유는 순색과 혼합색을 직접 만들어 보는 체험을 하지 않고 단순히 색종이에서 또는 색연필에서 찾아 색명을 기억하였기 때문이다.
- 3원색은 색을 혼합해서 만들 수 없는 색임을 설명하고 빨강, 노랑, 파랑 3원색 수채화 물감으로 여러 가지 혼합색을 만들어 보는 것이 가장 좋은 색상 체험 학습이지만, 간편한 재로로 색상 체험을 하도록 하기 위해 색점토를 사용하기로 했다.

상담 일시: 2008년 4월 (온라인)
실행 단계: 예비 수업 지도안 분석

- 의뢰인의 수업 방식을 알기 위해 컨설턴트가 수업 설계에 전혀 관여하지 않고 의뢰인에게 지도안을 계획하고 메일로 보내도록 했다.
- 예비 수업 지도안을 분석한 뒤 다음과 같은 제안을 했다.

첫째, 학생들이 색상 체험에 관심을 갖도록 하기 위해 색상 변화 또는 색채 교육 관련 동영상 또는 이미지를 찾아 동기유발 자료를 찾아 제시하도록 했다.

내용

둘째, 색상 체험을 놀이와 접목하여 아이들이 색을 혼합하면서 자발적으로 색의 변화를 체험하도록 하며, 여러 가지 색의 느낌이 서로 다름을 체험하도록 했다.

셋째, 다른 교사들도 쉽게 활용할 수 있는 재료와 용구를 쓰도록 했다.

넷째, 학생들이 혼색으로 색이 변화되어 가는 과정을 직접 눈으로 확인하고 색점토를 이용해 자신이 의도한 색을 만들어 보도록 했다.

상담 일시: 2008년 5월 (면담)

수업 설계: 예비 수업 반성 및 본 수업 설계

- 예비 수업 지도안에서 발견한 우수한 점을 말하고 본 수업 설계에서 수정되어야 할 내용을 설명했다.
- 수정되어야 할 내용은 심화 활동으로 제시한 '달팽이 깜찍이 만들기' 활동이 수업시간에 비해 수업의 양이 많으므로 삭제하는 것이었다.
- 본 수업 지도안이 완성되면 메일로 보내줄 것을 요청했다.

상담 일시: 2008년 5월 (면담)

- 의뢰인이 보내준 수정된 지도안을 확인하고 동기유발 자료를 검토해 주었다.
- PPT 자료에 삼원색과 혼색을 함께 찾아볼 수 있는 칸딘스키의 작품을 포함시키고, 정리 단계에서 학생들이 미술품에서 색을 발견해 보는 활동이 포함되도록 했다.

③ 컨설팅 내용

새로운 수업 재료 적용에 대한 컨설팅

색점토는 기존의 채색 도구 준비 과정이나 혼색 과정의 어려움을 해소할 수 있는 재료로서, 손에 잘 묻지 않으며 짧은 시간을 이용하여 혼색의 과정을 눈으로 직접 체험하게 할 수 있다.

색상환 표 만들기 수업 방법에 대한 컨설팅

의뢰자가 만든 색상환 표의 경우는 교사의 시간과 노력이 너무 많이 소요되므로 좀 더 쉽게 준비할 수 있는 방법에 대한 고민이 필요하다.

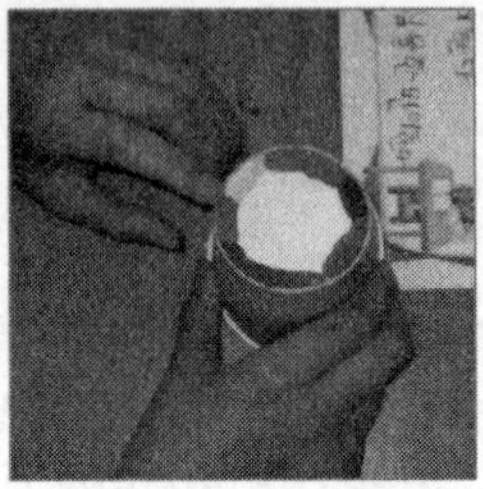

다른 교사들도 쉽게 할 수 있는 방법으로 폐종이컵 뒷면에 색점토를 붙여서 색상환 표를 만들도록 한다. 색점토의 혼합을 통해 색의 혼합도 체험하도록 한다. 종이컵의 뒷면을 사용하여 색상환 만들기를 한다. 색점토의 점력과 혼합과정을 쉽게 찾을 수 있는 과정을 겪게 되었다.

수업 재료 선택에 대한 컨설팅

수업의 목표 도달을 위한 다양한 수업 재료 및 학습자료에 대한 탐색이 중요하며, 새로운 재료에 대한 탐색과 선정에 있어 학생들의 호응도와 적응도에 대한 사전 탐구가 필요하다.

1) 색점토: '아이클레이'라 불리며 유토의 일종으로 부드럽고 가벼우며, 색과 색 간의 혼색이 일어남
2) 투명컵: 색의 혼색 변화와 시제 시각적인 색감을 갖도록 함
3) 꼬치막대: 색들이 섞이지 않도록 색깔별로 스틱을 다르게 함
4) 종이접시: 종이접시를 기준으로 10색상환을 만들고, 지점토를 놓을 받침으로 사용함
5) 종이컵: 색점토를 나누는 용기로 사용하고, 뒷면은 색상환 만드는 데 이용함

평가 관점과 방향에 대한 컨설팅

평가는 수업 목표의 도달을 가늠하는 척도로 수업 목표에 따른 평가 항목을 결정하는 것이 중요하다. 특히 본 단원에서는 색에 대한 느낌과 혼색의 과정을 체험하는 것이 목표이므로, 색 혼합의 과정과 색 이해에 대한 평가가 이루어져야 한다.

④ 의뢰자의 자기 수업 분석

수업 분석 자기 체크리스트 〈컨설팅 의뢰 교사용〉 원중초등학교 교사 김○○

평가 준거	평가 관점	평가점				
		5	4	3	2	1
목표 제시 명료성	수업 목표를 명확하게 제시하였는가?	✔				
	본 수업과 지난 수업의 내용이 관련되어 제시되었는가?	✔				
	수업 중 핵심적인 내용 요약을 적절히 제시하였는가?		✔			
수업 과정 형태	교과, 교재의 특성에 맞는 수업 과정 모형을 적용하였는가?	✔				
	교과 교재의 특성에 맞는 수업 형태를 적용하였는가?	✔				
교사의 발문	재생적 발문보다 추론, 적용적 발문을 하였는가?		✔			
	학생 수준, 개인차를 고려한 발문을 하였는가?		✔			
	생각하여 답변할 시간을 주는 발문을 하였는가?		✔			
	발문, 학습 자료 활용 등으로 흥미를 충분히 자극하였는가?	✔				

학습 동기 부여	학생의 아이디어에 대한 칭찬 격려를 충분히 하였는가?	✔				
	학습에 호기심을 유도하는 활동을 하였는가?		✔			
교사 기능 발휘	학생이 수업에 도전감을 갖도록 유도하였는가?		✔			
	피드백 정보를 기술적으로 활용하였는가?		✔			
	수업의 난이도를 충분히 조절하였는가?	✔				
	학생의 당황, 지루함, 호기심 등을 주의 깊게 관찰하고 대처하였는가?		✔			
학습 의욕 참여	학습 활동에 집중 및 몰입되도록 분위기 조성을 하였는가?	✔				
	능동적이고 활기찬 분위기를 유지하였는가?	✔				
총계 = 77		45	32			

⑤ 의뢰자의 컨설팅에 대한 평가

컨설팅 과정 평가 체크리스트 〈컨설팅 의뢰 교사용〉 원중초등학교 교사 김○○

항목	변화 내용	
	사전	사후
수업 준비를 위해 어느 정도 노력을 하는가?	수업 계획을 위한 사전 조사 분석하지 않음	학생들의 수준 파악을 위한 사전 조사 및 분석을 기초로 수업설계를 함으로써 학생들이 능동적으로 참여하는 학습자 중심의 수업을 계획하게 됨
발문은 어떤 방식으로 하는가?	수업 내용의 전달을 목적으로 한 발문을 주로 함으로써 내용 지식이 교사 위주로 전달되도록 함	학생들이 스스로 내용 지식을 습득하도록 하는 체험 활동을 유도하는 발문과 학생들이 체험 활동 과정에서 생각하고 문제 해결을 하도록 하는 발문을 주로 하게 됨

<table>
<tr><td colspan="2">아동들에 대한 이해와 관심은 어느 정도인가?</td><td>색 이름을 알도록 하는 것을 목표로 수업으로 진행하다 보니 학습자의 다양한 반응을 수용하지 못함</td><td>3원색을 기본으로 색의 혼합 과정을 학생들이 직접 체험하면서 10색상환을 만들도록 하는 과정에서 학생들의 다양한 질문과 반응을 수용하게 됨</td></tr>
<tr><td colspan="2">컨설팅으로 인해 달라진 점이 있는가?</td><td>일반적으로 계속해오던 패턴대로 수업 설계를 함으로 인해 수업 설계에 대한 자신감이 낮았음</td><td>수업 설계에 대한 자신감과 안목이 생겼으며 교육 과정의 재구성과 수업 재료 선정과 내용 구성을 학습자 중심으로 수업이 전개되도록 구성하게 되었음</td></tr>
<tr><td colspan="2">평가 후 피드백을 해 주는 방법은 어떻게 진행되고 있는가?</td><td>평가하지 않음</td><td>수업 후 동료 교사들의 수업 비평과 자기 평가를 통해 수업 내용과 수준의 조절, 재료의 용구와 선택, 학습 자료의 활용 등에 대해 평가하게 됨</td></tr>
<tr><td rowspan="3">컨설팅 프로젝트에 대한 전반적인 생각은 어떠한가?</td><td>컨설턴트의 조언이 적절하였는가?</td><td colspan="2" rowspan="3">수업 설계를 학습자 중심으로 수업이 전개되도록 하면서 수업 목표에 도달하도록 함. 동기유발 자료를 수업에 효과적으로 활용하는 방법을 알게 되었으며, 색점토와 같은 새로운 재료를 활용함으로써 학습자의 혼색 만들기 체험의 흥미를 높일 수 있었음. 수업 계획을 타인과 함께 의논한다는 것과 타인에게 내 수업을 보여 준다는 사실이 부담스러웠으나 수업 공개 자체가 수업 개선을 위해 매우 필요함을 알게 되었음</td></tr>
<tr><td>컨설턴트의 지원과 조력이 충분했는가?</td></tr>
<tr><td>전체 과정의 통제가 잘 이루어졌나?</td></tr>
</table>

⑥ 본시 수업안

<table>
<tr><td>일시</td><td>2008. 5. 29. (목)
5교시</td><td>학급</td><td>3-1</td><td>지도교사</td><td>김○○</td><td>장소</td><td>3-1
교실</td></tr>
<tr><td>단원</td><td>3. 여러 가지 색</td><td>차시</td><td>3~4차시</td><td>교과서</td><td colspan="3">10~11쪽</td></tr>
<tr><td>학습주제</td><td colspan="3">색깔 나라 마법사</td><td>수업모형</td><td colspan="3">개별 학습, 협동 학습</td></tr>
<tr><td>학습목표</td><td colspan="7">삼원색의 혼색 과정을 통해 10색상환의 색을 이해할 수 있다.</td></tr>
<tr><td rowspan="2">준비물</td><td>교사</td><td colspan="6">투명컵(54개), 수채화물감, 꼬치스틱, 색점토, 파워포인트 자료, 종이컵 32개, 접시 5개</td></tr>
<tr><td>학생</td><td colspan="6">수채화물감, 물, 달팽이 모형</td></tr>
</table>

<table>
<tr><th rowspan="2">단계</th><th rowspan="2">학습
요소</th><th colspan="2">교수 · 학습 활동</th><th rowspan="2">시간
(분)</th><th rowspan="2">자료 및
유의점</th></tr>
<tr><th>교사 발문</th><th>학생 예상 반응</th></tr>
<tr><td>학습
주제
탐색</td><td>동기
유발</td><td>■ 마법 상자
• 색 마법 상자 속으로…
Ⓣ 자~ 한번 보세요.
Ⓣ 뭐가 나올까?
Ⓣ 글쎄요~~
Ⓣ 만약에 정말 토끼가 나온다면, 선생님 안 하고 마법사로 나가 볼까요?

• 삼원 색깔 컵을 통해 노란색, 빨간색, 파랑색 컵을 차례로 꺼낸다.

Ⓣ 선생님은 사실 마법을 써서… 아니 속임수를 써서 색의 컵을 바꾸어 보았어요. 하지만 지금부터는 여러</td><td>■ 동기유발 마법 상자 관찰
• 마법 상자를 보며, 색의 변화를 알아본다.
Ⓒ 토끼요~
Ⓒ 비둘기요!</td><td>6</td><td>파워
포인트
자료
〈동기유발 과정 실패 시〉
여러분은 선생님보다 훨씬 마법을 잘 보는 눈을가지고 있는 가봐요!! 그래요. 색 종이컵은 어디에 있을까? 종이 봉지 안에 있어요. 그</td></tr>
</table>

		분이 직접 색 마법사가 되어서 세상의 색을 만들어 보도록 하겠습니다.			리고 종이컵의 색은 섞이지 않지요. 그래서 이렇게 겹쳐 있답니다.
	학습 목표 확인	■ 학습 목표 확인 Ⓣ 이번 시간에 공부할 학습 목표는 무엇일까요?			파워포인트 자료
		기본색의 혼색 과정을 통해 10색상환을 색을 이해할 수 있다.			
	학습 활동 안내	이번 시간에는… ① 물과 물감으로 10색상환 만들기 ② 색점토로 10색상환 만들기			파워포인트 자료 (학습안내제시)
표현 방법 탐색 및 활동	기본 활동 1	■ 물감으로 혼색하기 Ⓣ 자! 그럼 지금부터는 한 사람당 하나씩 여러분 앞에 놓인 투명컵 안에 물을 반 정도 넣도록 합니다. • 교사도 직접 시범을 보인다. Ⓣ 물감을 한 가지 풀어 보세요. (삼원색 중 하나를 풀도록 합니다)	■ 물감으로 혼색하기 • 물을 넣는다. Ⓒ 물컵 하나만요? Ⓒ 이 정도면 돼요? Ⓒ 어디까지 넣어야 돼요? Ⓒ 선생님 ○○는 물감이 없는데요.	15	투명컵 4개(1인당), 수채화 물감, 물, 막대기, 접시

		■ 색 만들기			
		Ⓣ 그럼 한 사람씩 자신이 만들어 놓은 색을 삼각형으로 모둠별로 놓아 보세요! 그리고 색을 만들지 못한 사람이나, 세 사람이 한 모둠인 경우 한 사람을 정해서 옆 친구에게 양해를 구하고 새로운 컵에 자신의 색과 그 친구의 컵의 색을 같은 양으로 나누어 따라 봅니다.	Ⓒ 순서는 아무렇게나 해도 돼요? Ⓒ 우와!! Ⓒ 초록색이에요. Ⓒ 보라색이에요. Ⓒ 주황색이에요. Ⓒ 순서는 어떻게 해요?		
		Ⓣ 자 그럼, 안 한 사람들도 있으니까, 한 번씩… 다섯 가지 색을 서로 섞어 10가지 색을 자신들이 직접 만들어 볼까요?			
		Ⓣ 10가지 색을 만든 모둠에서는 색을 교과서와 같이 배열해 보도록 합니다.			
		Ⓣ 그럼 초록색은 어떻게 만들어졌을까요?	Ⓒ 노랑＋파랑＝		
		Ⓣ 연두는 어떻게 만들어졌나요?	Ⓒ 초록＋노랑＝		
		Ⓣ 연두는 초록과 어떻게 다른가요?	Ⓒ 파랑색에 노랑이 좀 더 들어갔어요. Ⓒ 초록에 노랑이 들어갔어요.		
		Ⓣ 그럼, 노랑과 파랑으로 초록을 만들고, 노랑을 좀 더 섞으면…	Ⓒ 연두요.		

기본 활동 2	▩ 색점토로 10색상환 만들기 Ⓣ 이번에는 스스로 하는 시간이에요. Ⓣ 학습지와 종이컵을 여러분에게 나누어 주었어요. Ⓣ 색점토를 혼합해서 종이컵 뒤에 10색상환을 표현해 보도록 합시다. Ⓣ 삼원색을 이용해서 기본색을 먼저 만들고 기본색 사이에는 어떤 색들이 들어가는지 색점토를 혼합하며 알아보도록 하죠!! Ⓣ 다한 사람은 앞으로 가지고 나오도록 합니다.	Ⓒ 아이클레이를 사용해요. Ⓒ 색과 색 사이를 채워야 해요? Ⓒ 남는 건 어떻게 해요? Ⓒ 다한 사람은 어떻게 해요?	12	색상환 자료 접시 3개 (칠판 게시용) 종이컵 17개, 색점토 (3색) • 종이컵 색상환을 다 만든 사람들은 며칠 전에 정환이가 생일날 우리에게 선물로 준 각자의 깜찍이 달팽이의 친구를 10가지 색을 가지고 재미있게 만들어 보도록 하겠습니다(내용 조절)!! • 수업 시간 및 양을 잘 조절하여 욕심내지 않는다.

정리	학습 정리	■ 내용 정리 Ⓣ 오늘은 기본의 혼색을 통해 색 만들기를 해 보았어요 이제 우리는 색마법사가 되어서 무슨 색이라도 만들 수 있답니다. Ⓣ 우리가 만든 색을 그림에서 찾아 볼까요?	■ 내용 확인 및 정리 • 작품 정리하기	2	파워포인트(칸딘스키 작품 제시)
	차시 예고	Ⓣ 그럼 그런 색을 보고 어떤 마음을 갖게 되는지 다음 시간에는 느낌을 이야기해 보고 느낌의 색으로 표현 활동을 해 보도록 하겠습니다.			

① 표현 재료

② 학습지 활동

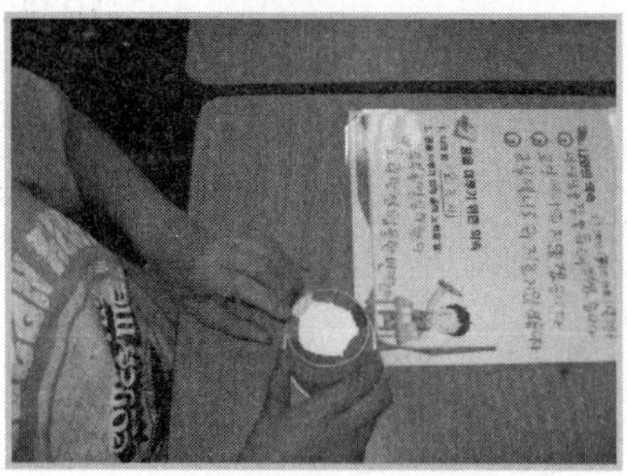

③ 색상환 만들기

④ 수업 후 협의회

4. 생활과 관련된 미술 수업 컨설팅 사례

1) 컨설팅 주제: 초등 6학년 8단원 색과 생활

(1) 단원 설정의 취지

이 단원에서는 우리 주변에서 쉽게 발견할 수 있는 색의 기능을 알아보고, 색이 주는 아름다움과 특징을 스스로 느끼게 하며, 목적에 따른 배색을 알아봄으로써 생활 속에서 미술을 사용할 수 있는 태도를 길러 주고자 하였다. 대부분의 학생들이 색에 대해 관심이 많으나 개별적으로 미술관을 견학한다거나 하는 체험 학습은 경험이 없다. 따라서 생활 주변에서 색의 기능에 대한 예를 다양하게 보여 주고, 색이 주는 느낌이 다름을 인식하게 하되 일반적인 색의 느낌을 강요하지 않게 하며, 배색의 중요성과 배색이 주는 아름다움을 표현 활동을 통해 느끼도록 지도할 계획이다.

(2) 차시별 지도 계획

차시	차시별 활동	내용
1	생활에 활용된 색에 관해 알아보기	우리 생활에서 활용되는 색의 종류와 쓰임새를 알아보고, 명시성과 주목성에 대해 알아보자. 생활에서 활용되는 색에 관한 자료를 알아보고, 전시 학습 상기로 10색생환과 기본 삼원색에 대해 다시 한 번 공부하면서 보색과 이웃하는 색에 대해 공부한다.
2	색에 대한 느낌이 다름을 알고 목적 여러 가지 색을 배색하여 꾸미기	전 차시에 배운 색에 대한 기본 지식을 바탕으로, 색의 기능을 복습하고, 배색의 뜻을 이해한 후, 목적에 맞는 배색을 계획해 간단히 꾸며 보는 표현 활동을 한다. 색이 주는 느낌과 비슷한 색, 반대색이 주는 특징을 생각하며, 지금까지 배운 색 감각을 바탕으로 생활에 필요한 것을 색의 느낌을 살려 직접 만들어 꾸며 보는 간단한 과정으로, 주변에서 특징

		있는 사물의 배색에 관한 자료를 통해 배색의 중요함을 인식하고, 다음 차시의 본격적인 표현 활동을 위한 기본 활동을 하도록 한다.
3~4	여러 가지 목적에 맞게 배색하여 꾸미기	주제를 선정하여, 목적과 색의 관계를 생각하고, 목적에 맞게 배색하여 꾸미기를 하도록 한다. 사계절용 넥타이를 만들어 봄으로써 색의 온도감과 색의 기능을 자연스럽게 인식하고 계절에 따른 배색의 아름다움을 스케치한 후 배색하도록 한다.
5	서로 감상하고 느낀 점, 알게 된 점 말하기	직접 만들어 꾸며 보는 활동으로 얻어진 작품들을 서로 감상하고 느낀 점이나 알게 된 점을 말하는 과정을 통해 전체 학습에 대해 되돌아보고 표현 활동의 반성을 할 수 있다. 자기 감상만으로 머릿속에 머물러 있는 작품에 대한 추상적 이미지를 상호 감상과 전체 감상, 느낀 점이나 알게 된 점을 말하는 과정에서 구체화시킬 수 있도록 한다. 단순히 잘했다, 예쁘다를 떠나서 분석적인 사고력을 기를 수 있는 감상 활동이 되도록 지도한다.
6	느낌을 살려 꾸민 작품 감상하기	주변에서 특징 있는 색의 기능과 쓰임을 알고, 효과적인 배색의 중요성을 인식하고 실제로 배색을 하는 활동을 통해 색의 느낌을 살려 꾸민 작품을 감상하는 과정은 이를 확인하고 색에 대한 학생의 고차원적인 참여와 활용을 적극 유도하는 과정이다. 이 과정을 통해 앞으로 생활에 필요한 것 꾸미기의 구상에 대한 가치관과 이론적 틀이 형성된다.

2) 수업 컨설팅 진행 절차

수업 컨설팅은 주로 컨설턴트와 의뢰인의 면담에 의해 진행되었으며 수업 계획안의 검토와 수업 분석, 수업 검토 등에 대해 이루어졌다. 다음 면담 내용에서 'C'는 컨설턴트, 'T'는 의뢰 교사를 의미한다.

(1) 준비 단계

Ⓒ 안녕하세요. 만나 뵙게 돼서 반갑습니다.

Ⓣ 안녕하세요? 저는 교사 경력이 4년이며 주로 고학년을 지도해 온 신○○입니다. 동료교사와 함께 미술 수업 개선에 대해 고민하고 있던 중 컨설팅을 의뢰하게 되었습니다. 미술시간에 아이들이 좋아하는 활동 중 하나가 꾸미기 활동입니다. 특히 그림그리기에 자신이 없다고 생각하는 아이들일수록 꾸미기 활동을 선호합니다. 아이들이 삼원색과 10색상환에 대해 배웠지만 색의 어울림과 조화 등에 대해서보다는 단지 색 이름과 반대색 또는 유사색 정도를 알고 있습니다. 배색의 효과를 알고 꾸미기 활동을 효과적으로 하는 수업에 대해 알고 싶습니다.

Ⓒ 색의 조화와 어울림을 학생들이 잘 알고 색을 활용하도록 하는 데 관심이 있으시군요. 배색에 따라 느낌이 다르기 때문에 목적에 맞는 배색으로 생활용품을 꾸미도록 하는 활동은 학생들의 색에 대한 감각을 발달시키는 데 중요합니다. 색의 조화와 어울림에 대한 감각을 신장시키는 것, 색에 대한 감각을 활용하여 꾸미는 것, 이 두 가지 활동이 연계된 수업을 계획하기 위한 컨설팅이 이루어져야 하겠습니다.

(2) 실행 단계

① 진단 및 과제 협의

Ⓒ 신○○ 선생님이 생각하시는 색채 수업과 꾸미기 수업의 가장 큰 문제점은 무엇입니까?

Ⓣ 색의 조화와 어울림에 대한 생각과 배색에 따라 다른 느낌을 학생들이 잘 모르기 때문에 학생들이 꾸미기 활동을 할 때 어떤 배색을 해야 하는지 계획하지 않는 경우가 많습니다.

Ⓒ 선생님께서는 색에 대한 느낌이야기 활동 지도를 어떻게 하십

니까?

Ⓣ 파란색 위주의 작품과 붉은색 위주의 작품을 보여 주고 차가운 느낌이 드는 작품, 따뜻한 느낌이 드는 작품을 찾아보도록 합니다.

Ⓒ 미술 작품에서 발견한 색조를 느낌으로 표현해 보도록 하는 활동은 학생들의 색감을 신장시키는 데 매우 좋은 방법입니다. 다만 '차가운' '따뜻한' 등의 느낌을 정해 주는 것보다는 학생들이 푸른 색조의 작품을 보고 차가움뿐만 아니라 편안함, 조용함, 맑음 등의 다양한 느낌을 이야기해 보도록 유도해야 합니다. 또한 학생들이 삼원색을 위주로 배열한 미술 작품과 중간색으로 화면을 구성한 미술품들이 주는 느낌이 다름을 경험하도록 해야 합니다.

Ⓣ 꾸미기 활동에서 아이들이 배색에 대해 충분히 고민하고 계획하여 색을 사용하도록 하기 위해 어떻게 지도해야 할까요?

Ⓒ 생활용품의 배색, 미술작품의 배색을 중심으로 색의 조화와 느낌에 대해 이야기해 보도록 하고 꾸미기 활동에서 색을 목적에 맞게 배치하도록 해야 합니다.

② 수업 설계 협의

수업 컨설팅 협약서

〈의뢰인용〉

성명	신○○	교육경력	4.07년
소속 학년	6학년	전공	수학교육
의뢰 영역	색의 조화 및 꾸미기		
의뢰 사유	꾸미기 활동에서 색의 활용지도 방안		
의뢰 사항	수업 설계 및 동기유발 자료 개발과 활용방안 연구		

의뢰인 신○○는 위와 같은 수업 컨설팅을 받고자 하며 본인이 이러한 과제를 해결하는 데 적극적으로 노력할 것을 약속합니다.

2008년 5월 8일

의뢰인 신○○ (인)

성명	김○○	교육경력	16.04년
소속 기관	○○대학교	전공	미술교육
컨설팅 경력	수업 컨설팅 연구 및 매뉴얼 개발		

컨설턴트 김○○는 위와 같은 의뢰인의 과제를 해결하는 데 적극적으로 지원할 것을 약속합니다.

2008년 5월 8일

컨설턴트 김○○ (인)

수업 설계 계획 수립하기

<table>
<tr><td colspan="2">컨설팅 주제</td><td>색의 조화 및 꾸미기</td></tr>
<tr><td colspan="2">의뢰인</td><td>신○○</td></tr>
<tr><td colspan="2">컨설턴트</td><td>김○○</td></tr>
<tr><td colspan="2">의뢰인 진단</td><td>• 색채 수업과 꾸미기 활동을 연계한 수업에 관심이 높음
• 배색에 따른 느낌에 대한 지도를 고민하고 있음
• 학생들이 색을 계획적이고 의도적으로 활용하도록 하기 위해 노력함</td></tr>
<tr><td rowspan="3">컨설팅 내용</td><td>미술과 교육과정</td><td>미술 6학년 8단원 색과 생활</td></tr>
<tr><td>수업 모형</td><td>개별 학습, 협동 학습</td></tr>
<tr><td>자료제작 방법</td><td>• 유사색, 반대색, 색의 조화와 느낌을 학습할 수 있는 자료 제작
• 생활 속에서 색의 기능을 알 수 있도록 하는 자료 제작</td></tr>
<tr><td colspan="2">진단 및 의견</td><td>• 색상에 대한 교육이 체계적으로 되어 있지 못하다는 판단 아래 초등학교에서의 색상 교육을 정리해 주려는 의욕이 강함
• 색의 조화와 색의 활용을 중심으로 수업을 계획해야 함</td></tr>
</table>

협의 후 상담 일지 작성하기

<table>
<tr><td>의뢰인</td><td>신○○</td><td>컨설턴트</td><td>김○○</td><td>회기</td><td colspan="2">제 회</td></tr>
<tr><td rowspan="2">일시</td><td colspan="2" rowspan="2">2008년 5월~7월</td><td rowspan="2">상담 방법</td><td>면담</td><td>전화</td><td>온라인</td></tr>
<tr><td>○</td><td></td><td>○</td></tr>
<tr><td>내용</td><td colspan="6">상담 일시: 2008년 5월 (면담)
준비 단계:
• 색상에 대한 교육이 3, 4학년부터 체계적으로 진행되었으면 6학년에서 색의 기능과 조화를 알고 목적에 맞게 활용할 수 있다고 본다. 수업 전 사전 조사 결과, 학생들이 색상에 대한 기초 지식이 부족하기 때문에 꾸미기 활동에서 계획적으로 목적에 맞게 색을 활용하지 못한다고 판단하고 이를 위한 지도 방안을 고민하고 있었다.</td></tr>
</table>

내용

- 학생들이 꾸미기 활동을 다른 활동보다 선호하지만 색의 기능과 조화를 생각하며 계획을 세워 색을 사용하지 않기 때문에 표현 결과에 대한 만족도가 낮다고 생각하고 있었다.
- 학생들이 색에 대해 어느 정도 이해하고 있는지 진단하고 그 자료를 기초로 문제 해결 방안을 찾기로 협의했다.

상담 일시: 2008년 5월 (면담)
실행 단계: 문제 진단

- 학생들은 3, 4학년에서 학습했던 삼원색과 10색상환에 대해 거의 기억하지 못하고 있었다. 보색과 혼색에 대한 이해도 매우 부족했다.
- 일상생활 속에서 발견할 수 있는 색의 기능과 색의 어울림에 대해 설명하는 데 어려움을 느끼고 있었다. 색에 대해 민감하게 반응하고 자신의 의도에 따라 색을 활용할 수 있도록 하기 위해 색상교육을 하는 것인데 초등학교에서 색상교육을 3년 이상 받은 학생들의 색에 대한 이해도가 매우 낮았다.
- 학생들이 색의 기능을 알고 배색의 효과를 살려 꾸미기 활동을 할 수 있도록 하기 위해 초등학교 수준에서 색에 대한 이해를 총정리한다는 의도로 수업을 계획하기로 했다.

상담 일시: 2008년 6월 (온라인)
실행 단계: 예비 수업 지도안 분석

- 의뢰인의 수업 방식을 알기 위해 컨설턴트가 수업 설계에 전혀 관여하지 않고 의뢰인에게 지도안을 계획하고 메일로 보내도록 했다.
- 예비 수업 지도안을 분석한 뒤 다음과 같은 제안을 했다.

첫째, 색상에 대한 학습을 총 정리해 준다는 교사의 의욕이 너무 강해 교사 중심으로 색채 이론을 전달하는 방식으로 수업 계획을 세웠음을 지적하고 수업에서 학생과 교사가 상호 작용할 수 있도록 하고, 학습의 양을 조절하도록 했다.

둘째, 생활 속에서 발견할 수 있는 색의 기능과 배색이 주는 느낌을 알 수 있도록 하는 자료와 색의 배색에 따라 명료하게 느낌을 비교할 수 있는 미술작품을 선정하여 동기유발 자료로 활용하도록 했다.

셋째, 색에 대한 반응을 유도할 수 있는 발문을 계획하고 학생들이 색에 대해 민감하게 반응하면서 각자의 반응이 다를 수도 있음을 알도록 했다.

넷째, 생활용품 중에 배색이 잘된 것을 찾아 설명하도록 하면서 꾸미기 활동에서 색의 배치에 대해 충분히 생각하고 목적에 색을 활용하도록 한다.

상담 일시: 2008년 6월 (면담)

수업 설계: 예비 수업 반성 및 본 수업 설계

- 예비 수업 지도안에서 발견한 우수한 점을 말하고 본 수업 설계에서 수정되어야 할 내용을 설명했다.
- 수정되어야 할 내용은 색상 교육을 위한 동기유발 시간에 활용할 사진 자료와 미술작품의 선정과 관련 발문에 대한 내용이었다.
- 본 수업 지도안이 완성되면 메일로 보내줄 것을 요청했다.

상담 일시: 2008년 7월 (면담)

- 의뢰인이 보내준 수정된 지도안을 확인하고 동기유발 자료와 관련한 발문을 수정했다.
- 칸딘스키, 마티스, 모네의 작품을 보면서 유사색, 보색, 삼원색의 배치에 따라 다른 느낌이 있음을 발견하도록 했다.
- 생활 속에서 발견한 배색의 사례를 보면서 색의 기능에 대해 알 수 있도록 발문 수정을 요청했다.

③ 컨설팅 내용

학습 양의 조절에 대한 컨설팅

대단한 수업을 계획하는 것 같아 매우 기대가 됩니다. 학습의 흐름을 처음부터 목적성을 가지고 일관적 활동을 지속하여 완성하는 수업의 전체적인 얼개가 매우 치밀하고 대단해 보입니다. 단 시수나 수업의 활동 부담을 학생들이 적게 가질 수 있다면, 즉 학습 양을 조절해서 학생들이 탐색하면서 자율적으로 색에 대해 이해하고 이를 기초로 꾸미기 활동을 계획해야 할 것 같습니다.

6학년 미술 수업 중 용어 사용에 대한 컨설팅

수업의 목적과 목표에 도달하기 위한 가장 기본적인 용어를 사용하는 것이 좋겠습니다. 다른 학년과 달리 6학년의 경우 색상 관련 용어의 사용 종류가 많으나 교육과정에서 제시된 수준의 용어만 사용해야 합니다. 단, 수업 목표와 관련된 용어에 대해서는 교사는 일방적 습득에 의한 용어 이해보다 활동을 통한 용어 사용으로 쉽게 접근할 수 있도록 계획하는 것이 중요합니다.

학습 자료 탐색, 선택에 대한 컨설팅

일반적으로 사용되는 학습 준비물이나 자료에 대한 고민은 학습의 효과와 목표 도달에 대한 효율성을 고려하여 선정하는 것이 중요하며, 색에 관한 참고 자료의 경우 교사의 수업 의도를 분명하게 보여 줄 수 있는 자료를 선정해야 합니다.

평가에 대한 컨설팅

각 차시별 평가 관점이나 방향에 대한 고민은 수업의 완성에 있어 매우 중요한 역할을 합니다. 각 영역별 평가 관점과 단원 평가의 전체적인 관점을 가지고 지속적인 평가를 하는 것이 중요합니다. 각 학년의 학생 발달 수준에 적합한 평가 관점을 마련하는 것이 중요하며, 모둠 활동의 경우 모둠 활동과 수업 목표와의 관계를 잘 고려하여 평가하는 것도 중요합니다.

④ 의뢰자의 자기 수업 분석

수업 분석 자기 체크리스트 〈컨설팅 의뢰 교사용〉 원중초등학교 교사 신○○

평가 준거	평가 관점	평가점				
		5	4	3	2	1
목표 제시 명료성	수업 목표를 명확하게 제시하였는가?	✔				
	본 수업과 지난 수업의 내용이 관련되어 제시되었는가?	✔				
	수업 중 핵심적인 내용 요약을 적절히 제시하였는가?		✔			
수업 과정 형태	교과, 교재의 특성에 맞는 수업 과정 모형을 적용하였는가?	✔				
	교과 교재의 특성에 맞는 수업 형태를 적용하였는가?		✔			
교사의 발문	재생적 발문보다 추론, 적용적 발문을 하였는가?	✔				
	학생수준, 개인차를 고려한 발문을 하였는가?		✔			
	생각하여 답변할 시간을 주는 발문을 하였는가?			✔		
	발문, 학습 자료 활용 등으로 흥미를 충분히 자극하였는가?		✔			
학습 동기 부여	학생의 아이디어에 대한 칭찬 격려를 충분히 하였는가?	✔				
	학습에 호기심을 유도하는 활동을 하였는가?	✔				
교사 기능 발휘	학생이 수업에 도전감을 갖도록 유도하였는가?	✔				
	피드백 정보를 기술적으로 활용하였는가?		✔			
	수업의 난이도를 충분히 조절하였는가?		✔			
	학생의 당황, 지루함, 호기심 등을 주의 깊게 관찰하고 대처하였는가?		✔			
학습 의욕 참여	학습 활동에 집중 및 몰입되도록 분위기 조성을 하였는가?	✔				
	능동적이고 활기찬 분위기를 유지하였는가?		✔			
총계 = 75		40	32	3		

⑤ 의뢰자의 컨설팅에 대한 평가

컨설팅 과정 평가 체크리스트 〈컨설팅 의뢰 교사용〉 원중초등학교 교사 신○○

<table>
<tr><th colspan="2" rowspan="2">항목</th><th colspan="2">변화 내용</th></tr>
<tr><th>사전</th><th>사후</th></tr>
<tr><td colspan="2">수업 준비를 위해 어느 정도 노력을 하는가?</td><td colspan="2">미술과 교육과정을 살펴보고, 교육과정을 분석한 지도안을 설계하였음
재구성에 대한 고민을 처음으로 하게 됨</td></tr>
<tr><td colspan="2">발문은 어떤 방식으로 하는가?</td><td colspan="2">수업에 대한 인지적인 발문, 일반적인 발문에 그쳤는데 창의적인 답변을 기대하게 하기 위한 질문을 고민하게 됨</td></tr>
<tr><td colspan="2">아동들에 대한 이해와 관심은 어느 정도인가?</td><td colspan="2">미술, 아니 단원을 위한 설문 조사나 실태 조사를 이렇게 열심히 해 본 적이 없음. 학생들의 일반적인 성향과 특수한 사항을 직접 경험하게 되는 계기를 갖게 됨</td></tr>
<tr><td colspan="2">컨설팅으로 인해 달라진 점이 있는가?</td><td colspan="2">수업에 대한 미안함을 갖게 되었음
많이 배우고 고민하게 되는 계기와 기회를 갖게 되었으나, 그보다 더 중요한 것은 미안함이라는 말이 자꾸 느껴지기 시작함</td></tr>
<tr><td colspan="2">평가 후 피드백을 해 주는 방법은 어떻게 진행되고 있는가?</td><td colspan="2">다음 차시나 다음 수업을 기대하게 하였으며, 또 한 가지는 다른 학년의 수업이지만 수업에 대한 흐름을 알게 되는 계기가 됨. 6학년이어서가 아닌, 4학년과 3학년의 흐름 속에서 초등학교 미술교육과정에 대한 전체적인 피드백의 효과를 맛보게 된 듯함</td></tr>
<tr><td rowspan="3">컨설팅 프로젝트에 대한 전반적인 생각은 어떠한가?</td><td>컨설턴트의 조언이 적절하였는가?</td><td colspan="2">막연함에 대한 어려움이 조언을 통해 해결될 수 있었음</td></tr>
<tr><td>컨설턴트의 지원과 조력이 충분했는가?</td><td colspan="2">색에 관련한 심도 있는 고민을 하게 했고, 미술 수업에 대한 고민을 많이 갖게 함</td></tr>
<tr><td>전체 과정의 통제가 잘 이루어졌나?</td><td colspan="2">교육과정에 대한 재분석과 재인식의 기회를 갖게 해 줌</td></tr>
</table>

⑥ 본시 수업안

일시	2008. 7. 10. (목) 5교시	학급	6-1	지도교사	신○○	장소	6-1 교실
단원	8. 색과 생활	차시	2차시/ 6차시	교과서	31~32쪽		
학습 주제	색을 입혀 보자.			수업 모형	개별 학습, 협동 학습		
학습 목표	색의 기능을 생각하며 목적에 맞게 배색하여 간단하게 꾸밀 수 있다.						

단계	학습 요소	교수 · 학습 활동		시간 (분)	자료(☆) 및 유의점(★)
		교사 발문	학생 예상 반응		
도입	동기 유발 및 전시 학습 상기	■ 짱아와 짱구 찾기 Ⓣ 수목원에서 짱아와 짱구를 잃어버렸어요. 전망대에 올라 짱아를 찾아볼까요? Ⓣ 짱아와 짱구 모두 찾아보았나요? Ⓣ 짱아와 짱구 중 누구를 쉽게 찾을 수 있었나요? Ⓣ 왜 그럴까요? Ⓣ 짱구 엄마가 짱구 옷을 잘못 입힌 까닭은 무엇일까요? Ⓣ 그렇다면 항상 녹색을 입어야 하는 걸까요?	■ 짱아 찾기 • 화면에 나온 짱아와 짱구를 살펴본다. Ⓒ 예. Ⓒ 짱아요…. Ⓒ 짱아는 눈에 잘 띄는 색을 입어서요.(주변이 녹색인데 빨강색 옷을 입어서요) Ⓒ 주변 색과 비슷한 계열의 옷을 입어서요. Ⓒ 아니요.	6	☆파워포인트 자료

학습 주제 탐색		■ 전시 학습 상기 Ⓣ 자, 그럼 지난 시간 배운 내용을 복습하여 봅시다. Ⓣ 색마다 기능과 쓰임이 있다는 것을 기억하나요? Ⓣ 명시성과 주목성은 무엇이었나요?	• 화면에 나온 플래시 자료를 통해 색의 쓰임에 대한 예를 살펴본 후 전 차시에 배운 내용을 생각해 본다. Ⓒ 소방차, 우체통, 비상구…. Ⓒ 명시성: 색을 서로 대비시켰을 때 멀리서도 확실히 보이는 정도 주목성: 자극성이 강하여 눈에 잘 띄는 정도		★마지막에 안전차단대를 보여 주며, 자연스럽게 오늘 배울 배색을 연결지어 설명하도록 한다. ★지난 시간에 배운 내용과 연계하여 어떤 내용인지 아동 스스로 짐작하게끔 한다.
	공부할 문제 파악	■ 공부할 문제 제시 Ⓣ 이번 시간에 공부할 내용이 무엇일까요?	■ 공부할 문제 확인 Ⓒ 색의 기능을 생각하며 목적에 맞게 배색하여 꾸미기 같습니다.		
		색의 기능을 생각하며 목적에 맞게 배색하여 꾸밀 수 있다.			
표현 방법 탐색 및 선택	기본 활동 1	■ 배색에 대해 알아보자. Ⓣ 선생님이 제시하는 화면을 잘 보고 배색에 대해 생각해 봅시다. Ⓣ 한 가지 색보다 두 가지나 세 가지를 같이 사용하면 어떤 효과를 볼 수 있을까요? Ⓣ 배색이란 무엇일까요? 배색: 두 가지 이상의 색이 잘 어울리도록 배치하는 것	■ 배색에 대해 자신의 생각 발표하기 Ⓒ 배색에 따라 다양한 느낌을 줄 수 있어요. Ⓒ 색을 맞추는 거요.	9	

		■ 주어진 그림(명화)에서 주로 쓰인 색은 무엇인지 찾아봅시다. 예) 칸딘스키, 마티스, 모네 등 Ⓣ 비슷한 색끼리의 배색은 어떤 느낌이 드나요? Ⓣ 반대되는 색끼리의 배색은 어떤 느낌이 드나요? Ⓣ 배색에는 어떤 것들이 있을까요? Ⓣ 배색의 종류에 대해 공부해 봅시다.	Ⓒ 빨강, 검정, 노랑, 파랑, 녹색 Ⓒ 하늘색, 파란색, 흰색, 청색 Ⓒ 안정되며 부드러운 느낌이요. Ⓒ 눈에 잘 띄며 강렬한 느낌이요.		☆파워포인트 자료 ★강력하거나, 부드러운 느낌은 색뿐만 아니라 형태에서도 느낄 수 있으나 배색을 다룬다는 점에서 형에 대한 이야기는 생략한다.
	기본활동 2	■ 목적에 맞게 배색하여 꾸미기 Ⓣ 목적에 맞는 배색이 무엇인지 생각해 봅시다. Ⓣ 선생님이 제시하는 사진들을 보며 목적에 맞는 배색이란 무엇인지 생각해 봅시다. Ⓣ 사물의 종류와 목적을 정하여 다양한 방법으로 배색을 하여 봅시다.	 Ⓒ 첫 번째가 따뜻한 커피와 도넛이 어울립니다.	15	★자유롭게 자신의 생각을 발표할 수 있도록하며, 정형화된 느낌만을 강조하는 것은 지양한다.
		선택1〉 의복 배색하여 꾸미기(티셔츠, 바지) 선택2〉 건물 배색하여 꾸미기 선택3〉 탈 것 배색하여 꾸미기 선택4〉 간판 꾸미기 선택5〉 소품 꾸미기			☆모둠판, 학습지

		• 활동순서 ① 배색할 사물 정하기(선택 1~5) ② 배색할 사물의 목적을 잘 생각하여 모둠원들과 토의한 후, 배색 계획을 세우기 ③ 배색 계획대로 꾸미기 ④ 발표자는 모둠원들의 배색 목적을 다른 친구들에게 발표할 준비하기 ⑤ 모둠원들이 배색하여 꾸민 것을 모둠판에 붙이기			★ 개별적으로 사물의 목적에 맞게 배색해야 하는 것과 더불어 조별로 모둠판에 다시 배열해야만 하기 때문에 조원과 토의해서 다른 주제의 색들과 어울리는지 배색을 고려하도록 지도한다.
		• 학습지에 계획을 세워 기록 후 배색하도록 한다. Ⓣ 배색하고자 하는 사물의 이름은? Ⓣ 이것의 목적은 무엇인가요? Ⓣ 어떤 느낌이 나도록 하고 싶나요? Ⓣ 배색할 색은 무엇인가요?	Ⓒ 유치원 차 Ⓒ 유치원 아이들 탈것 Ⓒ 귀엽고, 예쁘며 눈에 띄도록 Ⓒ 노랑 바탕에 파스텔색 무늬		
감상	감상 활동	■ 감상 및 평가하기 • 다 만들어진 작품들은 앞으로 가져와 보도록 한다. • 발표자가 나와 모둠원 활동에 대해 발표한다. • 다른 친구들의 작품을 감상한다. • 친구들의 설명을 듣고 모둠별 상호 평가하도록 한다. Ⓣ 주변을 정리합시다.	■ 작품 감상하는 방법 알기 • 이야기 발표 및 듣기 • 친구의 발표를 듣고, 목적에 맞는 배색이었는지, 각 사물 간의 배색은 어울리는지 알아보기	8	★ 각 조원이 만든 배색판에서 어떤 느낌의 배색인지 확인 후 각 사물을 떼어서 다른 조에 붙여 보고 서로 다른 느낌을 이야기하거나 어떤 것이 더 배색이 잘되었는지 이야기해도 좋다.

정리	학습 정리	■ 내용 정리 Ⓣ 오늘은 배색에 대해 공부하고, 목적에 맞는 간단한 배색 꾸미기를 배워 보았어요. Ⓣ 배색은 무엇이었나요? Ⓣ 친구들의 작품 중 이것은 어떤 느낌이 나는 배색인가요?	■ 내용 확인 및 정리 • 작품 정리하기 Ⓒ 두 가지 이상의 색이 잘 어울리도록 배치하는 것이요.	2	☆ 평가지
	차시 예고	■ 차시 예고 Ⓣ 다음 시간에는 표현 활동 중심으로, 사계절용 넥타이를 배색하여 꾸미기를 할 거예요.			

① 수업 장면

② 토론 활동

③ 표현 활동

④ 수업 후 협의

5. 감상 수업을 위한 컨설팅 사례

1) 컨설팅 주제: 초등 6학년 12단원 현대 미술

(1) 단원 설정의 취지

이 단원은 현대 미술 작품의 여러 가지 유형을 감상함으로써 현대 미술의 특징을 이해하는 것을 목적으로 한다. 이 수업에서는 현대 미술을 바라보는 사람들의 서로 다른 여러 관점을 이해하기 위해서 공공 미술을 사례로 감상 수업을 진행하였다. 단원 설정의 취지와 차시별 지도 계획은 다음과 같다.

본 단원에서는 현대 미술 중 공공 미술을 감상하고 실제 공공 미술의 사례를 통해 공공 미술의 역할에 대한 여러 관점들을 이야기하고 토론하는 활동 중심으로 감상 지도를 계획하였다.

구체적인 공공 미술의 철거 사례를 바탕으로 찬반토론을 해봄으로써, 공공 미술에 대해 갖고 있는 개인적 생각을 이야기해 보는 기회를 마련하였다.

(2) 차시별 지도 계획

차시	차시별 활동	내용
1	공공 미술을 감상하고 공공 미술의 철거에 대한 찬반 토론하기	• 공공 미술 감상하기 • 공공 미술에 대한 자신의 느낌과 생각 이야기하기 • 공공 미술의 배경 알기 • 공공 미술의 철거에 대한 찬반 토론하기

2) 수업 컨설팅 진행 절차

수업 컨설팅은 주로 컨설턴트와 의뢰인의 면담에 의해 진행되었으며 수업 계획안의 검토와 수업 분석, 수업 검토 등에 의해 이루어졌다. 다음 면담 내용에서 'C'는 컨설턴트, 'T'는 의뢰 교사를 말한다.

(1) 준비 단계

Ⓒ 안녕하세요. 반갑습니다.

Ⓣ 안녕하세요? 올해 경력 17년차인 교사 이○○입니다. 오랫동안 미술 수업을 하다 보니 비슷한 수업을 하고 있는 듯해서요. 이제 새로운 내용으로 수업을 만들어 보고 싶다는 생각이 들어서 컨설팅을 의뢰하게 되었습니다. 특히 현대 미술은 제게도 어렵게 느껴지는데 현대 미술을 감상하면서 무엇을 가르쳐야 할지 막막할 때가 많습니다. 현대 미술과 관련된 감상 수업을 좀 참신하게 설계하고 싶습니다.

Ⓒ 맞습니다. 현대 미술은 매우 다양하기 때문에 어느 한 가지 방법으로 감상한다는 것이 가능하지 않습니다. 현대 미술은 각각의 미술이 추구하는 바가 매우 다르기 때문에 그것이 무엇인지 생각해 보면서 감상 지도를 해야 하지요. 일단 선생님이 생각하는 감상 수업에 대해 이야기를 해 봐야 할 것 같습니다.

(2) 실행단계

① 진단 및 과제 협의

Ⓒ 이○○ 선생님은 감상 수업에서 가장 어려운 점이 무엇이라고 생각하세요?

Ⓣ 현대 미술과 같이 제가 잘 모르는 미술 작품을 접했을 때 어떤 점들을 감상하도록 해야 할지 난감한 경우가 있습니다. 이러한 현대 미술을 잘 감상한다는 게 무엇을 말하는 것인지 감이 잘 안 옵니다.

Ⓒ 이미 말씀 드린 바와 같이 현대 미술은 그 특징이 매우 다양합니다. 우리 학생들에게 어떠한 감상 수업, 즉 현대 미술에서 무엇을 가르치고자 하는지에 대한 교사 자신의 방향을 잡아나가는 것이 우선적으로 필요할 것 같습니다.

Ⓣ 현대 미술 중에는 이해하기 힘든 작품들도 있지만 흔히 수업 시간에 많이 접하는 미술에는 추상 미술이나 물감을 뿌려 작업한 작품 등이 있는데요. 이런 작품들을 어떻게 감상, 지도해야 할지 혼란스럽게 느껴져요.

Ⓒ 선생님이 생각하시기에 미술 수업의 궁극적인 목적은 무엇이라고 생각합니까? 창의적 표현으로서 미술, 전인적 발달을 위한 미술, 정서 함양을 위한 미술 등 여러 가지 목적이 있었지요. 감상교육도 결국 미술교육의 큰 틀에서 자신이 지향하는 감상교육의 방향을 설정하는 것이 필요하다고 생각합니다. 현대 사회에서 미술을 통해 학생들이 학습했으면 하는 것이 무엇이라고 생각합니까? 예를 들어, 학생들이 보다 다양하게 열린 관점을 갖는 것이 중요하다고 생각된다면 미술에 있어서 여러 가지 관점이 서로 부딪치고 조정되는 과정을 경험해 보도록 하는 것이 필요하겠죠. 선생님이 생각하시기에 학생들은 현대 미술에서 무엇을 배울 수 있을까요?

Ⓣ 네, 저도 현대 미술을 통해 단순히 기법만을 가르치기보다는 뭔가 또 다른 중요한 것이 있다고 생각돼요. 아마도 현대 미술을 통해 학생들은 기존의 틀에서 벗어난 새로움의 추구나 아니면 말씀하신 것처럼 여러 가지 서로 다른 관점들에 대해 이야기함으로써 열린 시각을 갖는 것이 중요한 것 같아요.

Ⓒ 공공 미술은 바로 그러한 다양한 시각과 관점을 보여 주는 적절한 사례라 할 수 있어요. 감상이 단지 작품의 조형적인 특징만을 감상하는 것으로 끝나는 게 아니라 공공 미술 작품을 감상하고 구체적인 상황 속에서 미술에 대해 서로 다른 관점들이 어떻게 나타나는지 이야기해 보면서 자연스럽게 다양한 시각이 존재함을 알 수 있도록 하지요.

Ⓣ 네, 저도 주변의 공공 미술을 보면서 눈살을 찌푸리게 하는 작품도 있고 아름답다고 생각되는 작품도 있어요. 공공 미술 중 여러 가지 서로 다른 의견이 대립되는 작품들의 사례를 조사해 보고 그것을 수업에서 다루면 좋을 것 같아요.

Ⓒ 네, 우리나라의 경우에도 공공 미술에 대한 상반된 시각이 보이는 작품도 있지만, 미국의 경우에는 공공 미술이 철거되기도 하는 등 여러 가지 시각 차로 인해 작품이 존폐 위기를 겪는 사례가 있어요. 그러한 사례를 통해 아이들이 찬반토론을 해 보는 것도 참신한 수업이 될 수 있을 것입니다.

수업 컨설팅 협약서

〈의뢰인용〉

성명	이○○	교육경력	17년
소속 학년	6학년	전공	미술교육
의뢰 영역	현대 미술		
의뢰 사유	현대 미술에 대한 참신한 수업 설계		
의뢰 사항	수업 설계 및 동기유발 자료 개발과 활용방안 연구		

의뢰인 이○○는 위와 같은 수업 컨설팅을 받고자 하며 본인이 이러한 과제를 해결하는 데 적극적으로 노력할 것을 약속합니다.

2008년 9월 5일

의뢰인 이○○ (인)

성명	안○○	교육경력	9년
소속 기관	○○대학교	전공	미술교육
컨설팅 경력	수업 컨설팅 연구 및 매뉴얼 개발		

컨설턴트 안○○는 위와 같은 의뢰인의 과제를 해결하는 데 적극적으로 지원할 것을 약속합니다.

2008년 9월 5일

컨설턴트 안○○ (인)

② 수업 설계 협의

수업 설계 계획 수립하기

<table>
<tr><td colspan="2">컨설팅 주제</td><td>현대 미술 중 공공 미술 수업 설계</td></tr>
<tr><td colspan="2">의뢰인</td><td>이○○</td></tr>
<tr><td colspan="2">컨설턴트</td><td>안○○</td></tr>
<tr><td colspan="2">의뢰인 진단</td><td>• 참신한 미술 감상 수업을 하고자 하는 의욕이 강함
• 학생들에게 현대 미술을 가르치고자 함</td></tr>
<tr><td rowspan="3">컨설팅 내용</td><td>미술과 교육과정</td><td>미술 6학년 12단원 현대 미술</td></tr>
<tr><td>수업 모형</td><td></td></tr>
<tr><td>자료제작 방법</td><td>• 공공 미술('기울어진 호')에 관한 자료 수집 및 수업자료 개발</td></tr>
<tr><td colspan="2">진단 및 의견</td><td>• 감상 지도 방법에 관심이 높음
• 현대 미술 관련 참신한 지도 내용과 방법을 정해야 함</td></tr>
</table>

협의 후 상담 일지 작성하기

<table>
<tr><td>의뢰인</td><td>이○○</td><td>컨설턴트</td><td>이○○</td><td>회기</td><td colspan="2">제 회</td></tr>
<tr><td rowspan="2">일시</td><td rowspan="2" colspan="2">2008년 9월~11월</td><td rowspan="2">상담 방법</td><td>면담</td><td>전화</td><td>온라인</td></tr>
<tr><td>○</td><td></td><td></td></tr>
<tr><td>내용</td><td colspan="6">상담 일시: 2008년 9월 (면담)
준비 단계:
• 미술 수업이 항상 비슷한 수업으로 진행이 되는 것에 대한 문제점을 고민하는 이○○ 교사는 감상 수업에서 보다 참신한 수업을 하기 위해 새로운 지도 내용과 방법에 대한 컨설팅을 의뢰하였다.</td></tr>
</table>

내용

- 현대 미술의 내용이 교사에게도 학생들에게도 난해하기만 한데, 현대 미술의 어떠한 내용을 가르치고 배우는 것이 바람직한지 궁금해했다. 이에 대해 현대 미술의 다양한 의미들을 이야기하면서 궁극적으로 교사가 미술에서 어떠한 내용을 가르치고자 하는지에 대한 보다 구체적인 방향성을 갖는 것이 필요하다고 협의하였다.

상담 일시: 2008년 10월 (면담)

실행 단계:

- 의뢰인은 공공 미술 중에서 여러 가지 시각과 관점이 대립되어 나타나는 사례를 조사하기로 하였다.
- 감상 수업은 크게 미술 비평, 미술사, 미학 등으로 방향을 구분해 볼 수도 있음을 이야기하고 이 수업에서는 미학적 접근을 도입하여 참신한 수업을 계획하는 것으로 토의하였다.
- 미학이 추상적이며 철학적이기만 한 내용이 아니라 다분히 일상 생활 속에서 일어나는 다양한 사례 속에서 미술과 관련된 관점의 차이와 그 이면에 있는 미술에 대한 신념 등과 관련된다는 점을 이야기하였다.

상담 일시: 2008년 11월 (면담)

- 의뢰인이 보내준 수정된 지도안을 확인하고 감상 자료를 검토해 주었다.
- 실제 '기울어진 호'와 관련된 자료에 나타난 미술계의 전문인, 일반인들 간의 시각 차이를 간단히 들려주는 것을 준비하도록 하였다.

③ 컨설팅 내용

새로운 감상 자료의 선정

현대 미술 중에서도 공공 미술을 감상 작품으로 선정함으로써 미술에 대한 다양한 관점과 시각이 어떻게 드러나고 어떠한 방향으로 절충되는지에 대한 수업 내용을 구체화시킬 수 있다.

미술 수업에서 미학적 접근의 적용

미술 수업에서 미학적 접근을 많이 볼 수는 없다. 그러나 우리가 일상 생활에서 접하게 되는 많은 미술 관련 논쟁들은 대부분 미학적 접근과 관련된다. 이 수업에서는 미술의 개념이 다른 것이 특정 공공 미술 작품을 철거하는 데까지 영향을 미치는지에 대해서 탐색해 보도록 한다. 미술에서는 하나의 정답이 있기보다는 전문가의 다양한 관점에서부터 대중들의 각양각색 의견에 이르기까지 매우 다양한 미술 개념, 즉 미술에 대한 관점이 있음을 알 수 있다. 여기서 우리는 어떤 특정 관점이 옳다는 것보다는 이러저러한 논쟁과 토의를 통해 어떠한 미술이 인정받기도 하고 거부되기도 하는지 알아보도록 한다. 이 수업에서도 학생들은 자기와 다른 친구들의 의견을 통해 나와 다른 의견에 대한 이해와 수용을 함으로써 미술에 대한 보다 열린 시각을 가질 수 있을 것이다.

찬반 토론 활동의 지도

학생들에게 자신의 의견만으로 찬반 토론에 임하도록 하기 보다는 특정 작품에 관한 과거의 사례에 나타나는 여러 가지 의견을 들어 봄으로써 자신의 생각을 보다 명확히 할 수 있는 기회를 제공하도록 한다. 따라서 찬반 토론 시 자신의 의견에 대한 보다 구체적인 근거를 들어 자신의 의견을 이야기할 수 있는 레퍼토리를 많이 만들도록 한다.

④ 의뢰자의 자기 수업 분석

수업 분석 자기 체크리스트 〈컨설팅 의뢰 교사용〉 원중초등학교 교사 이○○

평가 준거	평가 관점	평가점				
		5	4	3	2	1
목표 제시 명료성	수업 목표를 명확하게 제시하였는가?		✔			
	본 수업과 지난 수업의 내용이 관련되어 제시되었는가?	✔				
	수업 중 핵심적인 내용 요약을 적절히 제시하였는가?		✔			
수업 과정 형태	교과, 교재의 특성에 맞는 수업 과정 모형을 적용하였는가?		✔			
	교과 교재의 특성에 맞는 수업 형태를 적용하였는가?		✔			
교사의 발문	재생적 발문보다 추론, 적용적 발문을 하였는가?		✔			
	학생 수준, 개인차를 고려한 발문을 하였는가?	✔				
	생각하여 답변할 시간을 주는 발문을 하였는가?		✔			
	발문, 학습 자료 활용 등으로 흥미를 충분히 자극하였는가?	✔				
학습 동기 부여	학생의 아이디어에 대한 칭찬 격려를 충분히 하였는가?	✔				
	학습에 호기심을 유도하는 활동을 하였는가?		✔			
교사 기능 발휘	학생이 수업에 도전감을 갖도록 유도하였는가?		✔			
	피드백 정보를 기술적으로 활용하였는가?		✔			
	수업의 난이도를 충분히 조절하였는가?		✔			
	학생의 당황, 지루함, 호기심 등을 주의 깊게 관찰하고 대처하였는가?		✔			
학습 의욕 참여	학습 활동에 집중 및 몰입되도록 분위기 조성을 하였는가?	✔				
	능동적이고 활기찬 분위기를 유지하였는가?	✔				
총계 = 74		30	44			

⑤ 의뢰자의 컨설팅에 대한 평가

컨설팅 과정 평가 체크리스트 〈컨설팅 의뢰 교사용〉 원중초등학교 교사 이○○

<table>
<tr><th colspan="2" rowspan="2">항목</th><th colspan="2">변화 내용</th></tr>
<tr><th>사전</th><th>사후</th></tr>
<tr><td colspan="2">수업 준비를 위해 어느 정도 노력을 하는가?</td><td>수업 계획을 위한 사전 조사 분석하지 않음</td><td>학생들의 수준 파악을 위해 미술에 대한 학생들이 갖게 되는 개념 혹은 관점을 조사해봄으로써 그들의 수준을 고려한 수업을 계획하게 됨</td></tr>
<tr><td colspan="2">발문은 어떤 방식으로 하는가?</td><td>교사의 지식 전달을 위한 수단으로 발문을 사용함</td><td>구체적인 미술 사례를 통해 미술에 대한 학생들의 의견을 보다 구체적으로 이야기해 볼 수 있도록 발문함</td></tr>
<tr><td colspan="2">아동들에 대한 이해와 관심은 어느 정도인가?</td><td>교사의 수업 내용을 전달하는데 집중하다 보니 학생들이 미술을 어떻게 생각하는지 잘 알지 못했음</td><td>찬반토론을 통해 학생수준에서 이해하고 생각한 미술의 의미를 이해하였음</td></tr>
<tr><td colspan="2">컨설팅으로 인해 달라진 점이 있는가?</td><td>일반적으로 수업을 설계하다보니 교사 스스로 재미를 못 느낌</td><td>수업 설계가 마치 작품을 만드는 것처럼 재미있는 작업이라는 점을 깨달음</td></tr>
<tr><td colspan="2">평가 후 피드백을 해 주는 방법은 어떻게 진행되고 있는가?</td><td>평가하지 않음</td><td>수업 후 자기 평가를 통해 수업 내용과 수준 등에 대해 평가하게 됨</td></tr>
<tr><td rowspan="3">컨설팅 프로젝트에 대한 전반적인 생각은 어떠한가?</td><td>컨설턴트의 조언이 적절하였는가?</td><td colspan="2" rowspan="3">수업 설계를 보다 참신하게 할 수 있는 방안을 모색하도록 함. 학생들의 찬반토론을 보다 원활하게 하기 위해서 구체적인 미술 자료를 어떻게 탐색하고 활용할지 알게 됨. 미술 수업을 설계하는 데 미술 교육에 대한 여러 가지 이론이 도움이 됨을 느낄 수 있었음</td></tr>
<tr><td>컨설턴트의 지원과 조력이 충분했는가?</td></tr>
<tr><td>전체 과정의 통제가 잘 이루어졌나?</td></tr>
</table>

⑥ 본시 수업안

일시	2008. 11. 13. (목) 5교시	학급	6-5	지도교사	이○○	장소	6-5 교실
단원	12. 현대 미술	차시	1차시	교과서	46~48쪽		
학습주제	현대 미술에서 공공 미술에 대한 여러 가지 관점			수업모형	모둠 학습, 전체 학습		
학습목표	미술작품이 지역사회에 미치는 영향을 알고 자신의 생각과 다른 사람과의 토론을 통하여 다양한 관점이 있음을 알 수 있다.						
준비물	교사	파워포인트 자료, 작품 설명 자료, 학습지					
	학생	필기도구					

단계	학습 요소	교수 · 학습 활동		시간 (분)	자료 및 유의점
		교사 발문	학생 예상 반응		
학습 주제 탐색	동기 유발	■ 작품에 대한 자신의 느낌 이야기하기 • '기울어진 호' 작품의 사진을 보여 주며, 그에 대한 느낌과 생각을 발표하게 한다. Ⓣ '기울어진 호'를 보고 어떤 느낌이 들었나요? Ⓣ 만약 '기울어진 호'가 우리 집 앞이나 우리 학교에 설치되어 있다면 어떨까요? Ⓣ 이렇게 환경 조형물이 아무 의미가 없는 것이 아니고 많은 사람들에게 영향을 끼치고 생각을 하게 합니다.	■ 작품 감상하기 • '기울어진 호'의 느낌 이야기하기 Ⓒ 커다란 철판 같아요 Ⓒ 거대해요. Ⓒ 답답할 것 같아요. Ⓒ 멋질 것 같아요.	6	프로젝션 TV '기울어진 호' 사진

	학습 목표 확인	■ 학습 목표 확인 Ⓣ 이번 시간에 공부할 학습 목표는 무엇일까요?	■ 학습 목표 확인		파워 포인트 자료
		미술 작품이 지역사회에 미치는 영향을 알고 자신의 생각과 다른 사람과의 토론을 통하여 다양한 관점이 있음을 알 수 있다.			
	학습 활동 안내	이번 시간에는… ① '기울어진 호'에 대해 감상하기 ② '기울어진 호'의 철거에 대한 찬반 토론하기			파워 포인트 자료
표현 방법 탐색 및 활동	기본 활동 1	■ '기울어진 호'의 배경 이야기하기 • '기울어진 호'에 대한 논쟁거리를 이야기해 준다. ■ '기울어진 호'에 대한 자신의 의견 생각해 보기 Ⓣ 여러분이라면 어떻게 하겠습니까? 찬성인지 반대인지 자신의 의견을 정하였나요? Ⓣ 그럼 자신의 결정에 대한 의견을 쓰는 데 도움이 될 만한 문장을 제시해 주겠어요. Ⓣ 자신의 의견에 대한 이유를 학습지에 써 봅시다.	■ '기울어진 호'의 배경 이야기하기 • 작품의 배경에 대한 이야기를 잘 듣는다. • 자신의 의견과 이유를 학습지에 쓴다.	15	학습지 1
		■ 토론학습하기 Ⓣ 찬성과 반대의 의견으로 나누어서 토론을 해 보도록 합시다. Ⓣ 먼저 토론을 진행할 사회자와, 찬성측 대	■ 토론학습하기 • 학생들은 교사의 지시대로 사회자와 찬성 반대측, 그리고 패널들로 나누어 자리를 배치한다.		토론 학습 형태로 자리 배치

		표 6명, 반대측 대표 6명 그리고 나머지는 찬성, 반대 패널들로 나누어 자리를 배치하겠어요.	ⓒ 사회자: 지금부터 우리 도시의 중앙 공원에 설치되어 있는 미술품 ‘기울어진 호’의 철거에 대한 토론을 시작하겠습니다. ⓒ 철거 반대1: 유명한 미술가의 작품으로 이 지역의 기념비적인 조형물이 될 것입니다. ⓒ 철거 찬성1: 통행에 방해가 돼서 철거했으면 좋겠습니다. ⓒ 철거 반대2: 이 작품은 이 장소를 위해서 만들어진 작품입니다. ⓒ 철거 찬성2: 마치 폐기물처럼 녹슨 철판이 도시의 모습을 더욱 우울하게 만들어요. ⓒ 사회자: 그럼 배심원 여러분, 찬성과 반대에 대한 여러 의견을 잘 들으셨지요? 이제 여러분의 의견을 말씀해 주시기 바랍니다. 자신의 의견을 쪽지에 적어 제출해 주시기 바랍니다. ⓒ 사회자: 찬성 24표, 반대 11표로 이 작품은 철거하도록 하겠습니다. 땅땅땅!	

		• 찬반 토론에 대해 정리한다. Ⓣ 네, 여러분의 의견을 잘 들어 보았습니다. 어때요? 하나의 작품에 대해 우리의 관점이 많이 다르다는 점을 이해했나요? Ⓣ 특히 공공 미술의 경우에는 작가의 뜻도 중요하지만 대중들이 어떻게 받아들이는지도 매우 중요하다는 것을 알았지요?			
정리	학습 정리	■ 내용 정리 Ⓣ 이렇게 미술작품이 모든 사람한테 좋은 영향을 미치는 것이 아닙니다. 또한 설치된 장소에 따라서도 사람들의 반응이 다를 수도 있음을 알아보았습니다. 미술 작품은 그 자체가 좋든 나쁘든 지역사회에 영향을 끼치게 됩니다.	■ 내용 확인 및 정리 • 공공 미술의 경우 이를 받아들이는 사람들의 입장이 다르다는 점을 이해한다.	2	파워포인트
	차시 예고	Ⓣ 다음 시간에는 여러 가지 미술 이론에 따라 미술 작품을 분류하는 수업을 하겠습니다.			

참고자료

기울어진 호(철, 높이 3.6m, 길이 36m, 1982) / **리처드 세라**

http://blog.naver.com/intempus/20005136369

1981년, 리처드 세라는 미정부의 Art-in-Architecture 프로그램의 요청을 받아서 길이 36미터, 높이 3.6미터의 거대하고 녹슨 철판으로 광장을 대각선으로 가로지르는 조형물을 만들었다. 작가는 "관찰자는 이 작품을 따라 움직이면서 비로소 광장 내 자신의 움직임을 깨닫게 된다. …… 걸음을 뗄수록, 조각뿐 아니라 전체 환경이 변하게 되는 것이다."라고 말했다. 그러나 이 작품은 세워지자마자 많은 사람들이 반발하기 시작하였다. 일반인들은 휴식 공간이었던 시원한 광장 한 가운데 떡 하니 놓인 조형물로 인해 답답해 하거나 광장을 가로질러 가기도 어렵다며 불만을 토로했다. 이에 따라 작가에게 작품을 철거하여 다른 곳으로 옮기는 것이 어떻겠냐는 제안을 하게 되었다. 하지만 작가는 이 작품이 이 광장을 위해 만들어진 작품이며 다른 곳으로 옮기는 것은 바로 이 작품을 파괴하는 것이라고 하며 작품 이동을 반대했다. 마침내 이 일은 법원에까지 가게 되었다. 많은 예술가, 큐레이터, 비평가들이 작품의 예술성을 강조했지만 주변의 일반 대중들은 광장의 통행을 방해하며, 마치 테러 방어용 벽 같다며 철거를 요구했다. 결국 1989년에 '기울어진 호'는 광장에서 철거되었다.

참고문헌

강선주, 설규주(2008). 좋은 사회과 수업을 위한 컨설팅 내용과 방법. 파주: 교육과학사.

강인애(2000). 왜 구성주의인가?: 정보화시대와 학습자중심의 교육환경. 서울: 문음사.

곽영순(2007) 교과별 내용 교수법(PCK) 개발 연구의 이론과 실제. 열린교육실행연구, 10호, 81-114.

교육부(1998). 제7차 교육과정 해설-미술. 서울: 교육부.

교육부(2007). 초・중등 교육과정. 서울: 교육인적자원부.

김성숙 외(2007). 미술교육과 문화. 서울: 학지사.

김정선(2005). "미술"에서 "시각문화"로 패러다임 변화의 필요성과 쟁점. 미술과교육, 16(1), 51-68.

김정한(2002). 장학론. 서울: 학지사.

김정희(2001). 교육에서 미술 문화교육의 의의와 실천에 관한 연구. 미술교육논총, 12집, 1-26.

김진엽(2001). 미적 체험에 대한 미학적 이해. 미술교육논총, 11집, 1-12.

김형관 외(2000). 신장학론. 서울: 학지사

김황기(2003). 시각문화 미술교육에 대한 고찰. 미술교육논총, 16, 31-46.

박소영 외(2002). 초등학교 미술과 교수학습방법 연구. 연구보고 RRC 2002-14-4. 서울: 한국교육과정평가원.

박정애(2001). 포스트모던 미술, 미술교육론. 서울: 시공사.

서우석(2007). 수업 컨설팅의 과제와 전망. 학교 컨설팅과 수업 컨설팅의 과제와 전망. 경인교육대학교 산학협력단, 서울대학교 학교 컨설팅 연구회 공동 세미나 자료집.

손민호(2004). 수업 분야에서의 질적 연구. 김영천 외. 교과교육과 수업에서의 질적 연구(2판). 서울: 문음사.

안금희(2001). 미술교육에서의 질적연구(pp. 261-322). 김영천 외. 교과교육과 수업에서의 질적연구. 서울: 문음사.

안금희, 손민호, 김현정(2006). 미술 수업 개선을 위한 미술과 수업 장학의 실제적 방안에 관한 연구: 수업 유형에 따른 관찰 및 비평 기법 개발. 결과보고서, 한국학술진흥재단.

안금희, 손민호, 김현정(2007). 미술과 수업 장학을 위한 기초 연구로서 미술과 지도 유형에 관한 연구. 미술교육논총, 21(3), 51-88.

안인기(2008). 시각문화교육의 정의와 담론 구분에 대한 연구. 미술교육논총, 22(1), 1-25.

안혜리(2005a). 생활 속의 미술로서 시각문화에 기초한 미술교육과정 및 수업모형에 관한 연구. 조형교육, 25집, 319-337.

안혜리(2005b). 시각문화로의 패러다임 변화와 미술교과 교사교육의 새로운 방향. 미술교육연구논총, 17(1). 117-132.

윤정일(1982). 장학행정제도 개선 연구. 한국교육개발원.

임찬빈 외(2004). 수업평가 기준 개발 연구(I)-일반 기준 및 교과 기준 개발. 서울: 한국교육과정평가원.

조영남(1998). 구성주의 교수 · 학습(pp. 151-180). 김종문 외. 구성주의 교육학. 파주: 교육과학사.

진동섭, 김도기(2005). 컨설팅 장학의 개념 탐색. 교육행정학연구, 23(1), 1-25.

황숙희(1999). 포스트모던 미술교육-삶을 위한 내용. 미술교육. 제9집.

황연주(2002). 시각문화교육의 일환으로서 디지털영상에 관한 연구. 미술교육논총, 13, 29-64.

Apple, M. (1993). *Official knowledge*. New York: Routledge.

Arnheim, R. (1989). *Thoughts on Art Education*. CA: The Getty Center for Education in the Arts.

Barkan, M. (1966). Curriculum problems in art education. In E.L.Mattil (Ed.), *A seminar in art education for research and curriculum development* (pp. 240-255). University Park: Pennsylvania State University.

Barrett, T. (1994). *Criticizing art, understanding the contemporary*. Mountain View, CA: Marfield Publishing Co.

Bloom, L. E. (1956). *Taxonomy of educational objectives*. New York: David Mckay company, Inc.

Boughton, D. G. (2007). The seven defining characteristics of a visual culture approach to art education. *InSEA Asian Regional Congress, Proceeding*, 83-92.

Bowers, C. A. (1987). *Elements of a post-liberal theory of education*. New York: Teachers College Press.

Brown, J. S., Collins, A., & Duguid, P. (1989). Situated cognition and the culture of learning. *Educational Researcher, 18*(1), 32-42.

Bruffee, K. A. (1993). *Collaborative learning.* Baltimore, MD: Johns Hopkins University Press.

Bruner, J. (1986). *Actual minds, possible worlds.* Cambridge, MA: Harvard University Press.

Bruner, J. (1990) *Acts of meaning.* Cambridge, MA: Harvard University Press.

Cochran-Smith, M & Lytle, S. L. (2001). Beyond certainty: Taking inquiry stance on practice. In A. Lieberman, (Eds.), *Teachers caught in the action* (pp. 45-58). NY: Teachers College Press.

Duncum, P. (2001). Visual culture: Developments, definitions and directions for art education. *Studies in Art Education, 42*(2), 101-112.

Efland, A., Freedman, K., & Stuhr, P. (1996). *Postmodern art education: An approach to curriculum.* Reston, VA: National Art Education Association.

Egan, K. (1989). Layers of historical understanding. *Theory and Research in Social Education,* 17(4), 280-294.

Egan, K. (1989). *Teaching as story telling-An alternative approach to teaching and curriculum in the elementary school. Chica*go; Chicago University press.

Eisner, E. W. (1988). *The Role of Discipline-Based Art Education in America's Schools.* The Getty Center for Education in the Arts. 김인용, 김대현 공역 (1995). 학문기초 미술교육 운동. 서울: 학지사.

Eisner, E. W. (2001). *Educational Imagination: On the Design and Evaluation of School Programs* (3rd Edition). Prentice Hall.

Flanders, N. A. (1970). *Analyzing Teaching Behavior.* Mass: Addison-Wesley.

Gablik, S. (1984). *Has postmodernism failed?* New York: Thames.

Gall, M. D. (1984). Synthesis of research on teachers'question-ing. *Educational Leadership.* November, 40-47.

Hyman, R. T. (1979). *Strategic questioning.* New Jersey: Prentice Hall, inc.

Laurillard, D., Stratfold, M., Luckin, R., Plowman, L. & Taylor, J. (2000). Affordances for learning in a non linear narrative medium. *Journal of Interactive Media in Education.*

Lowenfield, V. (1947). *Creative and mental growth.* New York: The Macmillan Company.

Parsons, M. & Blocker, G.(1998). *Aesthetic and Education.* 김광명 역. 미학과 예술교육. 서울: 현대미학사.

Parsons, M. (1994). *How we understand art*. Cambridge, UK: Cambridge University Press.

Patton, M. Q. (1990). *Qualitative evaluation and research methods*(2nd ed.). N.Y.: Sage Publications.

Pederson, E. M. (1995). Storytelling and the art of teaching. *Forum,* 33: 1.

Piaget, J. (1923). *The Language and Thought of the Child*. 송명자 외 공역(1985). 아동의 언어와 사고. 서울: 중앙적성출판사.

Redfield, D. L. & Rousseau, E. W. (1981). A meta-analysis of experimental research on teacher questioning behavior. *Review of Educational Research, 51*(2), 237-245.

Rogoff, B. (1982). Integrating context and cognitive development. In M. E. Lamb & A. L. Brown (Eds.), *Advances in developmental psychology* (Vol. 2, pp. 125-170). Hillsdale, NJ: Erlbaum.

Ryle, G. (1949). *The Concept of Mind*. New York: Barnes & Noble.

Sanders, N. M. (1966). *Classroom questions: what kinds?* New York: Harper & Row.

Shulman, L. S.(1986). Those sho understand: Knowledge growth in teaching. *Educational Research, 15*(2), 4-14.

Shulman, L. S.(1987). Knowledge and teaching: Foundations of the new reform. *Harvard Educational Review, 57*, 1-21.

Stephanie, S. A. (1982). A study of the relationship between teaching techniques and student's achievement on high cognitive level question-asking skills (Doctoral dissertation, the university of Chicago, 1981)/ Dissertation Abstracts International, 42.

Stiggins, R. J. (1994). *Student-Centered Classroom Assessment*. New York: Macmillan.

von Glaserfeld, E. (1995). *Radical Constructivism: A way of knowing and learning*. London: The Falmer Press.

Vygotsky, L. S. (1978). *Mind in Society: The Development of Higher Psychological Processes*. 조희숙 외 공역(1994). 비고츠키의 사회 속의 정신: 고등 심리 과정의 발달. 서울: 성원사.

Winne, P. H. (1979). Experiments relating teachers' use of higher cognitive questions to student achievement. *Review of Educational Research*, *49*(1), 13-49.

Wragg, E. C. (1999). An Introduction to Classroom Observation. 박병기 외 공역(2003). 교실 수업 관찰. 파주: 교육과학사.

| 저자 소개 |

■ **김정희**

독일 뮌헨 대학교 대학원 미술교육 전공(철학박사)
현) 경인교육대학교 미술교육과 교수
주요 저서 및 역서: 미술영재이야기(학지사, 2005)
미술교육과 삶(공역, 예경, 2006)
미술영재교육학(공저, 학지사, 2011) 외 다수

■ **안금희**

미국 오하이오 주립대학교 대학원 미술교육 전공(철학박사)
현) 경인교육대학교 미술교육과 교수
주요 저서: 미술교육의 동향과 전망(공저, 학지사, 2003)
미술과 교수학습 방법과 실천(공저, 학지사, 2005)
History of Community-Based Art Education(공저, NAEA, 2001) 외 다수

■ **故 이정환**

경인교육대학교 대학원 미술교육 전공(초등교육석사)
전) 경기 원당초등학교 교사
경기도 교육청 교내컨설팅 수탁 연구

경인교육대학교 특성화사업단 T-멘토링 총서 ⑨

미술과 수업 컨설팅 이렇게 하자

2009년 2월 20일 1판 1쇄 인쇄
2009년 2월 25일 1판 1쇄 발행

지은이 • 김정희 · 안금희 · 이정환
펴낸이 • 김진환
펴낸곳 • (주) 학지사
121-837 서울특별시 마포구 서교동 352-29 마인드월드빌딩 5층
대표전화 • 02)330-5114 / 팩스 02)324-2345
홈페이지 • http://www.hakjisa.co.kr
등 록 • 제313-2006-000265호

ISBN 978-89-6330-124-2 94370
978-89-6330-100-6 (set)

정가 13,000원